이 연구서에서 저자는 초보자만 아니라 노련한 성경 학도까지도 난감하게 만드는 예수님의 명언들에 도전한다. 특유의 대담한 문체에 예리한 지성과 유머와 약간의 상상력을 조합하여, 난해한 본문에 생명을 부여하면서 우리를 복음 이야기의 능동적 참여자로 초대한다.

제이미 클라크-솔즈 | 텍사스주 댈러스의 퍼킨스 신학교 신약학 교수

책임감 있는 성경 해석의 귀감인 저자가 이번에는 너무 어려워 보이는 성경 본문들과 씨름하는 법을 유머와 자전적 통찰을 섞어 솜씨 좋게 보여 준다. 늘 그렇듯이 지혜와 은혜로 돌파구를 제시한다.

캐롤린 오지에크 | 텍사스주 포트워스의 브라이트 신학교 신약학 명예교수

저자 특유의 위트와 지혜와 학식이 빛을 발하는 책이다. 강론하고 가르치는 사제로서, 내가 사역을 시작할 때는 이 책이 없었던 것이 아쉽다. 특히 이 시대의 교회를 향한 귀한 선물이다.

잰 네일러 코프 | 워싱턴 내셔널 성당 본당신부

생각을 자극하는 이 탁월한 책에서 저자는 예수님의 일부 어려운 말씀이 현대 독자의 삶과 세계에 어떤 의미가 있는지는 물론이고, 까다로운 복음서 본문을 복잡다단한 지구촌에 신중하고 폭넓게 적용하는 법까지 파헤친다.

워렌 카터 | 오클라호마주 털사의 필립스 신학교 신약학 교수

독자를 이끌고 험지를 통과하는 노련한 길잡이인 저자는 타고난 이야기꾼이기도 해서 그 능숙하고 박식한 필치에 복음서의 등장인물들이 살아나고, 본인의 짤막한 일화들은 여정에 활기를 더해 주며, 두려움을 모르는 솔직한 질문에서는 '사랑의 복음'을 탐험하는 자유로운 정신이 배어난다. 저자가 믿는 예수님은 우리를 불러 더 나은 학도가 되게 하시는 지혜의 스승이시다. 내게 도전과 감화를 끼친 이 책을 더 깊은 이해로 나아가는 탐구서로 적극 추천한다.

린 H. 코힉 | 일리노이주 라일의 노던 신학교 학장

The Difficu?t Words of 🐫 Jesus

예수의
어려운
말들

그분의
이해할 수 없는
말씀 속으로

에이미질 레빈 지음   윤종석 옮김

바람이불어오는곳

어려운 말씀과 씨름하는
차세대가 되고자 전진하는,
편집자이자 친구인 마리아 메이요와
그녀의 아들 월터에게
사랑으로 이 책을 바친다.

차례

'하나님과 씨름하는 사람들'을 위한 안내서

어리바리한 2년차 유학생이었던 저는 학기가 시작하고 나서야 그 수업이 박사과정 학생들이 듣는 요한복음 원전 읽기 심화 과목이라는 것을 깨달았습니다. 한국에서 나고 평생을 자란 저로서는 꽤 벅찬 과정이었습니다. 그리스어로 성경을 몇 절 읽은 뒤 AJ 교수님은(이분은 닥터 레빈이라 불리는 것을 치욕으로 생각하십니다) 이전에 랍비들이 그랬던 것처럼 학생들에게 질문을 하셨고, 학생들은 대답을 쥐어 짜내야 했습니다. 토론의 깊이뿐만 아니라 저들이 사용하는 고급 영어 표현에 완전히 압도되었던 저는, 그나마 자신 있던 그리스어 번역마저 헤매고 있었습니다. 우물쭈물 얘기할까 말까 고민하고 있던 제게 교수님은 이렇게 말을 걸어오셨습니다.

"미스터 황, 해야 할 말이 있다고 생각하면 다른 사람들이 듣게 해 줘요."

저는 머리를 긁적이며 "별로 중요한 얘기는 아니어서요……"라며 말끝을 흐렸습니다. 하지만 교수님은 "나는 분명 중요한 얘기일 거라고 믿어요"라고 하신 뒤 "바보 같은 질문"이나 "우스꽝스러운 대답"이란 존재하지 않는다는 말씀을 덧붙이시며 배움의 과정에서 질문과 토론이 얼마나 중요한 일인지 말씀해 주셨습니다. 그 말씀은 이후 제 학업과 목회에 큰 지표가 되었습니다. 전공 서적을 읽고 깨달은 것을 수업 중에 나누는 것과 말씀을 읽고 분별한 것을 설교라는 틀을 통해 나누는 것, 이 두 가지는 전혀 다른 거라고 생각했었는데 실은 하나였습니다. 두 작업의 중심에는 반드시 하나님께서 제게 주신 말씀이 있음을 붙드는 믿음이 있어야 했기 때문입니다.

학교를 졸업한 뒤에도 시간이 허락될 때마다 AJ 교수님의 강연을 들으러 갔습니다. 교수님은 미래의 종교 지도자와 학자를 위한 신학 훈련에 평생을 바치신 분이지만, 평신도를 대상으로 하는 신학 강연에도 깊은 열정을 갖고 계십니다. 제가 참석했던 교수님의 성경 강좌는 대학 캠퍼스에서도 열렸고, 소위 주류 교단이라고 하는 다소 진보적인 교회의 다목적실에서도 열렸고, 보수적인 교회(예컨대 그리스도의교회 같은)의 교육관에서도, 가톨릭교회의 회의실에서도 열렸습니다.

이 책을 읽으면서 곧 알게 되겠지만, AJ 교수님은 유대인입니다. 그리고 신약성서 및 초대 교회사를 전공하고 평생을 후학 양성과 신약 성서학 연구에 힘을 쏟으신 분입니다. 네, 저도 처음 교수님을 뵙고 속으로 같은 질문을 던졌습니다. '유대인이…… 신약을 가르친다고?' 오해하지 않으면 좋겠습니다. 혈통만 유대인

예수의 어려운 말들

일 뿐 예수 그리스도를 믿는 '메시아계 유대인'이 아닌, 보통의 유대인이자 내슈빌의 정통 유대교 회당의 교인이십니다. '유대인 신약학자.' 언뜻 보기에는 말이 안 되는 것 같지만, 교수님은 저를 그리스도 예수의 더 좋은 군사가 되게 도와주셨습니다.

하나님은 말씀(word)으로 세상을 창조하셨고, 말씀이신 그리스도(the Word)로 이 세상에 오셨으며, 성령은 그리스도의 '말씀'을 우리에게 생각나게 하십니다. 처음 성령이 임하신 날로 기억되는 오순절(사도행전 2장)은 히브리어로 '샤부오트'(shavuot)인데, 모세가 시내산에서 하나님의 말씀(토라)을 받은 것을 기념하는 유대인의 명절입니다. 즉 말씀은 기독교 신앙의 토대이자 성경을 관통하는 열쇠입니다. 한 가지 더 덧붙여야 할 것은, 하나님이 지으신 모든 피조물 중에 말을 하는 것은 우리 인간뿐이라는 사실입니다. 무슨 뜻일까요? 하나님의 형상으로 창조된 인간은 계속해서 말로 세상을 창조해 나가는 존재입니다. 그리고 우리가 만들어 가는 세상은 반드시 하나님의 말씀이신 예수 그리스도를 중심으로 이뤄져야 합니다. 신명기 6장에 이 같은 세상을 창조해 나가는 비법이 담겨 있습니다. "이 말씀을…… 마음에 새기고…… 부지런히 가르치며…… 강론"하는 것입니다(신 6:6-7). 말씀을 곱씹고 배우고 토론하라는 뜻입니다. 질문하고 고민하고 생각하라는 뜻입니다.

이 책의 머리말에 저자는 이스라엘이라는 이름은 하나님과 씨름하는 사람을 뜻한다고 썼습니다. 유대인들은 조상 야곱을 기억하면서 그들이 2천 년 만에 세운 나라의 이름을 '이스라엘'이라고 지었습니다. 뼈가 부러지도록 하나님과 싸웠던, 바꿔 말하면 답을 얻을 때까지 끈질기게 질문하고 기도했던 그 한 사람 속에서 자신들의 국가적 정체성을 찾고자 했던 것입니다. 유대인들이 살아 온 역사 자체가 사실은 씨름이었고 질문이었습니다. "어떻게 하나님의 선택받은 백성에게 이런 일이 일어날 수 있는가?" 바벨론에 포로로 끌려가면서, 로마의 압제에 신음하면서, 유럽의 게토에서, 아우슈비츠의 가스실에서 그들은 묻고 또 물었습니다. 하늘을 향해 울며 소리치기도 했고, 숨죽인 채 조용히 흐느끼기도 했습니다. 그러나 포기하지 않았습니다. 계속해서 토론했고, 계속해서 씨름했습니다.

영적 씨름꾼으로 사는 제 삶도 마찬가지입니다. 한 사람의 설교자로서 많은 본문과 씨름했고, 한 사람의 성도로서 여전히 질문하고 고민합니다. 저는 부르심 받는 그날, 천국의 문지기 역할을 하고 있을 사도 베드로를 만나자마자 묻고 싶은 질문들을 가득 장전한 채 살고 있습니다. 아마 평생을 고민해도 답을 다 얻지 못하겠지요. 글쎄요, 답을 얻는 것보다 더 중요한 것이 있는 게 아닐까요? 계속해서 말씀을 마음에 새기고 가르치며 부지런히 강론하는 것 말입니다. 그리고 그 말씀이 내 삶에 또 내가 속한 공동체에 하나님 나라를 창조하도록 하는 것, 말씀이신 그리스도께서 주인 되시는 그 나라가 내 안에 먼저 임하게 하는 것 말입니다.

근성을 가진 모든 영적 씨름꾼들에게 이 책을 추천합니다. "그냥 믿으면 된다." 아니요, 저는 그렇게 믿고 싶지 않습니다. 지극히 높으신 하나님을 그저 외우면 끝나는 수학 공식처럼 만들고 싶지 않습니다. 선물로 주신 말씀입니다. 은혜로 주신 말씀입니다. 지금은 다 이해하지 못하더라도 선물을 주신 그분의 선하심을 믿고 한 걸음 한 걸음 주님을 더 알아 가고 싶습니다. 이 책을 통해 여러분께서 찾고 계신 답에 한 뼘 더 가까이 나아가시길 소망합니다. 답이 아니라 더 좋은 질문을 손에 넣는 것도 나쁘지 않습니다. 두 가지는 장담합니다. 이 책은 여러분의 씨름판에 좋은 도구가 될 것입니다. 여러분은 말씀을 더 사모하게 될 것입니다.

황선웅
내쉬빌한인연합감리교회 부목사

들어가며

난해한 본문들과 씨름하라

모든 성경에는 양심 있는 사람들이 씨름하는 본문이 있고, 모든 전례서(典禮書)에는 교인들이 의문을 품는 문구가 간혹 등장한다. 유대교 성경(구약)과 기독교 성경(신약)에 공히 양과 목자의 은유가 많이 나오지만, 신앙 공동체의 본분은 양처럼 되는 것이 아니다. (꼭 가장 똑똑하지는 않더라도 엄연히 하나님의 피조물인) 양을 비하할 생각은 없지만, 우리의 평생 소원은 모범생 양이 되는 게 아니라 그 이상이어야 한다. '이스라엘'이라는 이름이 본래 '하나님과 씨름하다'라는 뜻인 만큼, 우리도 헷갈리고 난해한 본문과는 물론이고 여태 해를 끼쳤고 앞으로 계속 해를 끼칠 수 있는 본문과 씨름하는 것이 바람직하다.

이 책에서 살펴볼 어려운 말씀들

이 책에서 우리는 그동안 혼란과 당혹감과 때로 해악을 초래한 6대 주요 구절과 몇몇 관련 구절을 살펴볼 것이다.

1장 우선, 예나 지금이나 중대 사안인 경제 문제로 시작한다. "하늘에서 보화가 네게 있으"려면 모든 사람이 "네게 있는 것을 다 팔아 가난한 자들에게 주"어야(막 10:21) 할까? "낙타가 바늘귀로 나가는 것이 부자가 하나님의 나라에 들어가는 것보다 쉬우니라" (막 10:25)라고 하신 예수님의 말씀은 무슨 뜻인가? 그래서 이 책 첫 장에는 청지기직, 공동체의 책임, 직업, 심지어 자산 관리 등의 문제가 제기된다.

2장 경제 문제는 어쩔 수 없이 가정 문제로 연결된다. 바로 2장에서 살펴볼 예수님의 말씀이다. "무릇 내게 오는 자가 자기 부모와 처자와 형제와 자매와 더욱이 자기 목숨까지 미워하지 아니하면 능히 내 제자가 되지 못하고 누구든지 자기 십자가를 지고 나를 따르지 않는 자도 능히 내 제자가 되지 못하리라"(눅 14:26-27). 이 어려운 말씀 및 다수의 관련 구절을 이해하려면 1세기의 제자도란 어떤 모습이었고, '십자가를 진다'라는 것은 어떤 의미였으며, 소위 '가족의 가치'를 예수님이 어떻게 재편하셨는지를 이해해야 한다.

3장 고대의 가정은 "부모와 처자와 형제와 자매"로 끝나지 않고 노비가 있는 가정도 많았으며 특히 로마 세계에서 그랬다. 성경에서 노예라는 주제는 대개 이른바 '가정 규범'에 집중되어 나타난다. 에베소서 6장 5-8절이 한 예다. "종들아, 두려워하고 떨며 성실한 마음으로 육체의 상전에게 순종하기를 그리스도께 하듯 하라. 눈가림만 하여 사람을 기쁘게 하는 자처럼 하지 말고 그리스도의 종들처럼 마음으로 하나님의 뜻을 행하고 기쁜 마음으로 섬기기를 주께 하듯 하고 사람들에게 하듯 하지 말라. 이는 각 사람이 무슨 선을 행하든지 종이나 자유인이나 주께로부터 그대로 받을 줄을 앎이라." 그런데 복음서에 보면, 으레 종들이 등장한다. 비유 속에나 실제 가정에는 물론이고 심지어 예수님의 수난 기사에도 나온다. 세계의 노비 역사라든지 지금도 우리 삶에 영향을 미치는 미국 땅의 지독했던 노예 제도를 생각할 때, "너희 중에 누구든지 으뜸이 되고자 하는 자는 모든 사람의 종이 되어야 하리라"(막 10:44)라고 말씀하신 예수님의 가르침을 우리는 어떻게 해석해야 할까? 이 은유가 일부 그리스도인에게는 유익하지만 다른 그리스도인에게는 불가능한 이유는 무엇인가?

4장 그다음의 어려운 말씀은 현대의 또 다른 사안과 관계된다. 바로 등록 교인, 시민권, 민족 정체성 등과 관련된 인사이더와 아웃사이더의 문제다. 예수님은 제자들에게 "이방인의 길로도 가지 말고 사마리아인의 고을에도 들어가지 말고 오히려 이스라엘 집의 잃어버린 양에게로 가라"(마 10:5하-6)라고 지시하실 뿐 아니라, 한 이방인 여자(마가복음에는 "헬라인이요 수로보니게 족속"으로, 마태복음에는 두로와 시돈 지방의 "가나안" 여자로 밝혀져 있는)를 개라고 칭하시기까지 한다. 지금처럼 그때도 이 표현은 딱히 민족 비하라기보다 아무에게나 쓰이던 욕이었다. 이와는 반대로 마태복음은 소위 '지상 명령'으로 종결된다. 마태복음 28장 19절에 예수님은 제자들에게 "모든 민족을 제자로 삼"으라고 명하시는데, 여기서 "모든 민족"은 '모든 이방인'인 셈이다. 이런 여러 본문에서 공동체의 정의(定義), 보편성과 특수성의 접점이라는 문제가 제기된다. 인간의 공통성을 강조할 때와 각자의 고유한 유산을 경축할 때는 각각 언제인가? 게다가 지금은 비기독교인들이 자신들에게도 '기쁜 소식'이 있다고 믿거나 심지어 기독교의 전도를 불관용과 편견의 표출로 보는 종교 다원화 시대인데, 이럴 때 어떻게 복음을 전할 것인가? 어떻게 예수님의 '기쁜 소식을 전파할' 것인가?

　5장 이어서 5장에서 살펴볼 예수님의 진술은 적어도 내 일상에서 접한 바로는 가장 논란이 많은 문제다. 예수님은 제자들에게 보란 듯이 종의 은유를 쓰실 뿐 아니라 책임을 게을리 하지 말 것을 경고하신다. "이 무익한 종을 바깥 어두운 데로 내쫓으라. 거기서 슬피 울며 이를 갈리라"(마 25:30). 지옥은 많은 사람에게 여전히 무서운 주제다. 자신이 용서받지 못할 짓을 했다는 생각 때문일 수도 있고, 교회의 일부 가르침을 의심하기 때문일 수도 있고, 임의로 진노하시는 듯한 하나님이 두려워서일 수도 있고, 하나님의 '기준에 부합할' 자신이 없어서일 수도 있다. 지옥에 대한 두려움은 심지어 성경을 자유주의적으로 해석하는 교회들에도 널리 퍼져 있다. 최후의 심판이라는 경고를 우리는 어떻게 해석할 것인가? 형벌을 두려워하는 신앙이 아니라 사랑과 기쁨에 기초한 신앙을 어떻게 북돋을 수 있을까?

　6장 끝으로, 6장에서는 내 생각에 가장 어려운 본문을 몇 군데 살펴볼 것이다. 이런 본문들에 대한 해석이 유대인 거리의 생성, 박해, 민족 집단 학살, 우리 시대의 회당 총기 난사 등을 낳았다. 요한복음에 예수님은 유대인들(헬라어로 '유다이오이')에게 "너희는 너희 아비 마귀에게서 났으니 너희 아비의 욕심대로 너희도 행하고자 하느니라"(요 8:44상)라고 말씀하신다. 오늘날 미국의 백인 민족주의자들과 일부 흑인 종교 집단의 추종자들—정통 기독교나 정통 이슬람교를 대변한다고 주장하는 오도된 개인들—은 유대인을 "사탄의 회당"이라 칭하는데, 마침 이 문구가 신약에 두 번 등장한다(계 2:9, 3:9). 이런 매도와 악마화에 우리는 어떻게 대처할 것인가? 뻔히 해를 끼치는 본문을 어찌할 것인가? 이런 본문에 잠재된 무서운 마성을 어떻게 축출할 것인가?

우리가 취할 접근법

어려운 말씀은 복음서에서 끝나지 않는다. 바울 서신에 이런 발언들이 나온다. "모든 성도가 교회에서 함과 같이 여자는 교회에서 잠잠하라. 그들에게는 말하는 것을 허락함이 없나니 율법에 이른 것 같이 오직 복종할 것이요 만일 무엇을 배우려거든 집에서 자기 남편에게 물을지니 여자가 교회에서 말하는 것은 부끄러운 것이라. 하나님의 말씀이 너희로부터 난 것이냐. 또는 너희에게만 임한 것이냐"(고전 14:33하-36). "여자는 일체 순종함으로 조용히 배우라. 여자가 가르치는 것과 남자를 주관하는 것을 허락하지 아니하노니 오직 조용할지니라. 이는 아담이 먼저 지음을 받고 하와가 그 후며 아담이 속은 것이 아니고 여자가 속아 죄에 빠졌음이라. 그러나 여자들이 만일 정숙함으로써 믿음과 사랑과 거룩함에 거하면 그의 해산함으로 구원을 얻으리라"(딤전 2:11-15).

까다로운 본문은 구약에도 있다. 우리 아들 알렉산더는 열세 살 때 '바르 미츠바'가 되었다. 아람어로 '계명의 아들'이라는 뜻이다. 바르 미츠바(여아는 바트 미츠바)가 되려면 유대교의 모든 권리와 책임을 받아들여야 한다. 이 성년식 때는 대개 회당에서 토라 (율법서) 독본을 낭송한 다음, 읽은 본문의 일부를 사람들 앞에서 해석한다.

낭송할 본문은 참석자의 생일에 따라 정해진다(토라 독본과 여기에 병행되는 하프타라(예언서) 독본은 개신교의 다양한 성서일과(聖書日課)와 비슷하다). 알렉산더는 8월생이므로 신명기에 해당했다(당시 내가 재직하던 스와스모어 대학에서는 출산 때문에 재직 기간을 중단시킬 수 없다 하여 교수진에게 출산은 학술 행위가 아니므로 5월 말부터 8월 중순까지로 시기를 잡으라는 지시가 떨어졌다). 그가 읽을 부분은 '파라샤트 쇼프팀'이라 하는 신명기 16장 18절부터 21장 9절까지였는데, 그중에 "너는 마땅히 공의만을 따르라"라는 구절도 있다. 쉬운 길로 가려 했다면 그는 정의에 대해서 말했을 것이다. 하지만 쉬운 길이 언제나 최선은 아니다.

아들이 더 읽다 보니 신명기 20장 14-17절이 나왔다. "너는 오직 여자들과 유아들과 가축들과 성읍 가운데에 있는 모든 것을 너를 위하여 탈취물로 삼을 것이며 너는 네 하나님 여호와께서 네게 주신 적군에게서 빼앗은 것을 먹을지니라.…… 오직 네 하나님 여호와께서 네게 기업으로 주시는 이 민족들의 성읍에서는 호흡 있는 자를 하나도 살리지 말지니 곧 헷 족속과 아모리 족속과 가나안 족속과 브리스 족속과 히위 족속과 여부스 족속을 네가 진멸

예수의 어려운 말들

하되 네 하나님 여호와께서 네게 명령하신 대로 하라."

민족 집단을 학살하라는 명령에 알렉산더는 기겁했다. "어떻게 하면 좋을까요?" 그는 나(부모가 성경학자이면 도움이 될 때도 있다)와 자기 아버지(대학원에서 유대인 대학살 강좌를 가르치는 부모도 때로 도움이 된다)에게 차례로 그렇게 물었다. 우리는 랍비와 대화해 보라고 말해 주었다. 발표할 사람은 그였으므로, 사람들이 답을 우리가 써 주었다고 생각해서는 곤란했다.

아들은 누나 사라에게도 물었는데, 6월생인 사라의 토라 독본에 포함되었던 민수기 5장에는 남편이 아내의 부정(不貞)을 의심할 경우에 여자 쪽에 요구되던 '쓴 물의 시험'이 나온다. 이 본문과 짝지어진 하프타라는 삼손의 출생이 기록된 사사기 13장이었다. 당시에 그녀는 민수기 5장과 사사기 13장을 한데 묶은 사람들이 '쓴 물의 시험'을 부당한 성차별로 보았다고 결론지었다. 장한 딸이다! 그런 그녀인지라 동생에게도 본문이 마음에 들지 않거든 일단 그렇다고 밝히고 나서 어찌할지를 정하라고 조언했다.

우리 아들과 대화를 나눈 랍비는 유대교 주석을 보라고 지혜롭게 권했다. 알렉산더가 본문의 해석에 대해 자기 나름의 입장을 취하려면 유대교 전통의 다른 사람들이 여태 뭐라고 말했는지 알 필요가 있었다.

우리 부부는 소장된 서적과 기사를 기꺼이 내주었고, 본인이 회당 도서관에서 다른 주석들도 찾아냈다. 알고 보니, 예로부터 지금까지 본문을 그냥 받아들이지 않고 본문과 씨름한 저자들 일색이었다.

한 주석가는 이 신명기 말씀을 우화적으로 해석해야 한다고 보았다. 진멸해야 할 것은 우리의 비열한 본능이나 악한 생각이며, 가나안 일곱 족속은 교만과 정욕과 탐심 등을 상징한다는 것이다. 어떤 사람은 이 논란의 본문을 다른 구절—"네가 어떤 성읍으로 나아가서 치려 할 때에는 그 성읍에 먼저 화평을 선언하라"(신 20:10)—에 비추어 해석하면서, 다른 방도를 다 써 본 후에 목숨이 위태로울 때에만 싸우라는 뜻이라고 결론지었다. 그런가 하면 이 성경 말씀이 고대 부족 국가에만 해당하고 군주제 하의 이스라엘과는 무관하다는 입장도 있었다. 가나안 주민을 친 전쟁은 과거일 따름이므로 결코 이를 현재의 모델로 삼아서는 안 된다는 것이었다. 몇몇 주석가가 지적했듯이, 「탈무드」곧 기원후 첫 몇 세기의 유대교 가르침을 집대성한 해설서는 성전(聖戰)을 지지하기는커녕 모든 전쟁을 적극 배격한다.

알렉산더에게 가장 큰 도움이 된 주석들에 따르면, 신명기에 명하고 여호수아서에 기술된 소위 가나안 정복은 실제로 발생하지 않았다. 정복을 뒷받침할 고고학적 증거가 없을뿐더러 사사기가 고대의 진멸 개념과 상충된다. 많은 독자가 지적했듯이, "너는 그들을 진멸할 것이라. 그들과 어떤 언약도 하지 말 것이요 그들을 불쌍히 여기지도 말 것이며"라고 한 신명기 7장 2절의 바로 다음 구절에 "그들과 혼인하지도 말지니"라는 말이 나온다. 가나안 주민들이 멸족될 거라면 족외혼을 금할 이유도 없다. 그보다 이런 사관(史觀)에 암시된 것은 정복 내러티브 전체가 과거의 유산을 찬란하게 새로 지어내려던 유대 민족—그들 자신이 바벨론에 정복당했던—의 꿈이라는 것이다. 사실 마태복음 15장에 등장하는 가나안 여자는 원주민 집단의 후손이 그때까지도 생존했다는 증거다.

예수의 어려운 말들

토라의 해석을 발표할 때 알렉산더는 회중에게 "제 마음에 들지 않는 본문입니다"라고 밝힌 뒤 "하지만 전통을 이어 본문과 씨름할 수 있어서 영광입니다"라고 결론지었다. 부모와 누나로서 우리 셋은 그런 그가 자랑스러웠다.

성경의 권위

일체의 씨름에 저항하는 독자들도 있을 것이다. 나도 학생들로부터 본문이 '하나님의 말씀'이기 때문에 우리가 거기에 이의를 제기할 수 없다는 말을 듣곤 한다. 전부 하나님이 구술하셨으므로 전부 거룩하고 선하며, 하나님에게서 난 본문이니 거기에 우리가 거명할 만한 어떤 잘못이나 죄―이웃에 대한 거짓 증언 같은 고대의 죄는 물론이고 시간이 흘러서야 드러나는 인종 차별과 성차별 같은 죄―가 있을 수 없다는 것이다. 나도 성경의 권위를 반박할 마음은 없다. 그보다 모든 본문에 해석이 필요함을 지적하는 편이 더 유익하다. 율법 조항은 설명을 요하고 이야기는 늘 여러 가지로 해석될 여지가 있다. 예컨대, 성경의 권위에 방점을 둔 사람들은 창세기 1장 26절에서 온 인류가 하나님의 형상과 모양대로 지어졌다는 기쁜 소식을 보면서 다음 두 가지를 지적했다. 예수께서 이웃을 자기 자신과 같이 사랑하라는 계명(레 19:18)을 '지상 계명'의 일부(마 22:39, 막 12:31, 참조 롬 13:9)로 우선시하셨다는 것과, 또 "남에게 대접을 받고자 하는 대로 너희도 남을 대접하라"(마 7:12, 눅 6:31)라고 역설하셨다는 것이다. 그래서 그들은 비록 예수님이 노예 제도를 비판하지 않으셨고 바울이 그것을 지지하는 듯 보여도 노예 제도는 무조건 죄라고 결론지었다. 하지만 본문이 하나님의 감동으로 되었다고 믿는다 해서 우리의 도덕적 나침반을 창세기 1장에 묶어 두었다가 요한계시록 말미에서 되찾아야 한다는 뜻은 아니다.

이와는 달리 특정한 시대와 지역에만 해당하던 본문과 인류 전반에 두루 적용되는 본문을 구분할 수도 있다. 아예 본문을 인간의 산물로 보는 입장도 있는데, 그러면 거기에 우리 인간의 온갖 오류도 딸려 올 수밖에 없다. 그런가 하면 어떤 이들은 각자의 특수한 전통 내에서 본문을 해석해 온 대로 거기에 의존한다. 예컨대, 특정 사안에 대한 천주교의 가르침은 그리스 정교회, 루터교, 장로교, 감리교, 성공회 등과는 다르다. 전통마다 계속 자원이 쌓여 간다.

어느 경우든 우리가 해당 성경 구절의 의미를 완전히 알 수는 없다. 예수님의 발언과 행적을 놓고 최대한 근거 있게 추측할 뿐이지 그분을 직접 대면할 수는 없다. 우리에게 있는 것이라고는 복음서 저자들이 기록한 기억뿐인데, 기억이란 으레 불완전한 데다 그들이 꼭 목격자도 아니었다. 게다가 예수님은 아람어로 말씀하셨는데 신약은 헬라어로 기록되었고 우리는 자국어 역본으로 읽는다(이 책에서 나는 많은 주류 교단에 통용되는 영역본인 신개정표준역(NRSV)을 가지고 낑낑대 볼 참이다).

마가의 첫 독자들이나 누가복음과 사도행전을 헌정 받은 데오빌로가 특정한 본문을 각자 주어진 삶의 정황 속에서 어떻게 이해했을지 우리는 최대한 근거 있게 추측해 볼 수 있다. 노예 제도

예수의 어려운 말들

에 대한 진술은 부유한 노예주와 여종에게 각각 다른 메시지로 다가왔을 것이다. '마귀의 자식'이라는 언급도 유대인과 이방인에게 서로 다르게 들렸을 것이다. 또 21세기의 독자가 던질 질문과 도출할 답은 1세기의 독자와는 다를 수밖에 없다.

여기 복된 자유가 있다. 본문이 성경일진대—호메로스나 플라톤이나 베르길리우스의 작품처럼 그냥 고대 문헌이 아니라 한 공동체를 낳고 지속시키는 성경 본문일진대—그것은 과거로부터 현재를 향해 말해야만 한다. 오늘날의 우리에게도 의미가 있어야만 한다. 그래서 우리는 이 본문들과 부대끼면서 기쁜 소식이 될 해석을 찾아내야 한다. 나아가 사랑의 복음이 우리를 위선, 신경과민, 두려움, 비탄, 편견 등에 빠뜨리는 복음처럼 들리지 않도록 만전을 기해야 한다.

출발하기에 앞서 심호흡을 하라. 어려운 본문이고 여정은 위험할 수 있다. 그러나 끝까지 가면 막대한 보상이 기다리고 있다.

1

—

네게 있는 것을 다 팔아

경제 문제의 중요성

> 예수께서 그를 보시고 사랑하사 이르시되 "네게 아직도 한
> 가지 부족한 것이 있으니 가서 네게 있는 것을 다 팔아 가난한
> 자들에게 주라. 그리하면 하늘에서 보화가 네게 있으리라. 그리고
> 와서 나를 따르라" 하시니.
> — 마가복음 10장 21절

노상에서 예수님을 만난 한 부자의 짤막한 일화가 마가복음에 소
개된다. 이 친구는 달려와서 그분 앞에 꿇어앉아 이렇게 묻는다.
"선한 선생님이여, 내가 무엇을 하여야 영생을 얻으리이까"(막
10:17). 그분은 특유의 '예수님 방식'으로 질문에 질문으로 답하신
다. "네가 어찌하여 나를 선하다 일컫느냐. 하나님 한 분 외에는 선
한 이가 없느니라"(18절). (질문에 질문으로 답하는 것을 때로 소크라테
스 방식이라 하지만, 나는 소크라테스가 그것을 유대인들에게서 배웠다고

본다. 나의 랍비도 똑같이 한다.)

이어 예수님은 흔히 십계명으로 불리는 데칼로그('데카'와 '로고스'는 헬라어로 각각 '10'과 '말'을 뜻하므로 '열 마디 말'로 직역된다)의 후반부를 인용하여 그 남자의 질문에 답하신다. "네가 계명을 아나니 살인하지 말라, 간음하지 말라, 도둑질하지 말라, 거짓 증언하지 말라"까지 말씀하신 그분은 제5계명인 "네 부모를 공경하라"로 순서를 거슬러 올라가기 전에 "속여 빼앗지 말라"(19절)라는 계명을 끼워 넣으신다. 엄밀히 말해서 이것은 본래의 십계명에는 없는 조항이다.

질문자는 아마도 약간 교만하게 대답한다(교만에 대한 경고가 잠언에 많지만, 교만하지 말라는 '계명'은 없다). "선생님이여, 이것은 내가 어려서부터 다 지켰나이다"(20절. 이번에는 '선한'이라는 수식어를 뺀 것으로 보아 금방 배울 줄 아는 친구다). 그의 이 말을 의심할 이유는 없다. 대다수 우리도 자신이 법을 잘 지키며 바른 길을 고수한다고 생각하는 경향이 있다. 그래도 그는 뭔가 꺼림칙한 구석이 있었고, 인간의 본성을 훤히 읽어 내시는 예수님은 그것이 무엇인지 아셨다.

예수님은 그를 보시고 "사랑하"셨다(21절). "보시고"에서 우리는 잠시 멈추어야 한다. 그분은 상대의 얼굴 표정과 몸짓 언어를 읽으신다. 마가복음 1장의 나병환자와 5장의 혈루증 앓는 여자만큼이나 이 친구에게도 예수님이 말씀이 필요하다. 그는 소위 '마음병'에 걸렸는데, 여태 자기를 고쳐 줄 의사나 의문에 답해 줄 선생을 만나지 못했다. 사실, 영생을 얻는 법에 대한 질문은 곧 죽음에 대한 질문이다.

예수의 어려운 말들

예수님은 이 사람을 사랑하신다. 마가가 어느 한 개인을 향한 예수님의 사랑을 언급한 곳은 여기뿐이다. 마가복음은 사랑이라는 말에 인색하여 다른 세 구절에만 그 단어가 등장한다. 유명한 신명기 6장 5절 말씀을 인용한 "네 마음을 다하고 목숨을 다하고 뜻을 다하고 힘을 다하여 주 너의 하나님을 사랑하라"(12:30)에 한 번, 똑같이 유명한 레위기 19장 18절을 인용한 "네 이웃을 네 자신과 같이 사랑하라"(12:31)에 또 한 번, 그리고 두 인용문을 한데 묶어 요약할 때(12:33) 두 번 더 쓰였을 뿐이다. 예수께서 표시 나게 사랑하신 한 사람이 이 진지한 청년이라니 얼마나 놀라운가! 마가의 내러티브로만 보자면 결국 그는 제자가 되지 못했으니 말이다.

예수님은 문제를 진단하신다. 이 남자의 삶에 모자란 것이 무엇인지 아시고 "네게 아직도 한 가지 부족한 것이 있으니"라고 말씀하신다. 예수께서 아시듯 인간의 마음에 필요한 것은 다양하며 복음은 누구에게나 획일적이지 않다. 사람들은 서로 다른 일로 부름 받는다. 그래서 바울도 교회들을 향해 쓴 편지에 사도, 예언자, 능력 행하는 자, 병 고치는 자, 돕는 자, 다스리는 자, 방언 말하는 자, 교사, 복음 전하는 자, 목사 등이 있다고 했다(고전 12:28-29, 엡 4:11). 모두 보람된 역할이며 공동체를 세우고 떠받치는 데 소용된다. 우리는 은사도 다 다르고 각자 필요한 것도 다 다르다.

이 사람의 결핍감과 마음병을 고치시고자 우선 예수님은 역설적이게도 이런 말씀으로 결핍을 증폭시키신다. "가서 네게 있는 것을 다 팔아 가난한 자들에게 주라"(21절상). 그러잖아도 자신에게 뭔가 모자라다고 느껴지는 질문자를 향해 예수님은 첫 조치로 그 모자람이 피부로 느껴지게 하신다. 마음과 영혼이 허전한 것은 그렇다 쳐도, 지갑과 은행 계좌가 비는 것은 사뭇 다른 문제다.

이어 예수님은 그에게 무엇이 필요한지 알려 주시는데, 바로 영생에 집중하지 말라는 것이다. 오히려 그는 첫째로, 이 땅의 보화—자신의 재산과 투자와 부—에 연연하던 데서 초점을 옮겨 하늘에 보화를 쌓아야 한다. 둘째로, 일단 이 땅의 재물에서 벗어났으면 이제 "그리고 와서 나를 따르라"(21절)라는 말씀대로 예수님의 제자가 되어 실제로 노상에서 그분을 따라다녀야 한다.

이 이야기의 결말은 좋지 못하다. 질문자는 슬픈 **기색을 띠었다!** 그 많은 재산을 정리하다니 생각만 해도 아찔했다. 예수님은 "네게 있는 것을 가난한 자들에게 주라"라고 하지 않으시고, **다 팔아** 그 돈을 나누어 주라고 하셨다. 있는 것을 팔려면 소유물에 화폐 가치를 부여해야 하므로 값어치가 얼마나 나갈지 따져 볼 시간이 필요하다. 값어치를 알고 나면 자신이 무엇을 버리는지가 더 실감나게 다가온다.

내 생각에 이 남자는 독신이다. 그가 사랑하던 부모는 아마 돌아가셨을 것이다. 아내(일부다처 사회였으니 어쩌면 아내들)도 없고 자녀도 없다. 가정이 있었다면 그렇게까지 영생을 얻으려고 고민하지 않았을 것이다. 자신의 삶이 자손을 통해 지속될 수 있으니 말이다. 그가 독신으로 보이는 이유는 또 있다. 가정이 있을 경우 전 재산을 처분하면 처자식이 빈털터리가 될 것이니 말이다.

마가는 제자가 될 뻔했던 그가 "재물이 많은 고로…… 근심하며 가니라"(22절)라고 알려 준다.

예수님은 제자들—떠나지 않은 그들—을 보시며 "재물이 있는 자는 하나님의 나라에 들어가기가 심히 어렵도다"라고 선언하

예수의 어려운 말들

신다(23절). "어렵도다"라고 하셨지 불가능하다고 하신 것은 아니니 우리는 안심해도 된다. 제자들은 놀랐다("당황했다", NRSV). 아마 입이 쩍 벌어졌을 것이다. 제자가 될 뻔했던 사람의 마음을 아신 예수님은 그들의 혼란도 아시고 다시 쉽게 풀어서 말씀하신다. 마가복음에서 제자들은 낭중지추(囊中之錐) 즉 대학원 수업에서 가장 똑똑한 학생들이 아니다. 그런 그들도 알아들을 수 있게 예수께서 잘게 부수어 설명하신다. "얘들아, 하나님의 나라에 들어가기가 얼마나 어려운지"(24절). 이어 그분은 어렵지만 그래도 가능한 단계에서 아예 불가능한 단계로 넘어가신다. 바로 마가복음 10장 25절에 나오는 그분의 유명한 격언이다. "낙타가 바늘귀로 나가는 것이 부자가 하나님의 나라에 들어가는 것보다 쉬우니라."

제자들은 예수님께 설명을 청하기보다는 "그런즉 누가 구원을 얻을 수 있는가"라고 서로 묻는다. 모름지기 제자라면 예수님께 직접 여쭈었어야 한다. 낙타가 바늘귀로 나가는 것은 불가능한 일이므로, 이것은 좋은 질문이다. 그분께 직접 여쭙지 않았지만 예수님은 제자들에게 위안의 말씀을 주신다. '어렵지만 불가능하지는 않다'라는 개념으로 다시 돌아가 "사람으로는 할 수 없으되 하나님으로는 그렇지 아니하니 하나님으로서는 다 하실 수 있느니라"(27절)라고 이르신 것이다. 그러자 베드로가 예수님께 "보소서, 우리가 모든 것을 버리고 주를 따랐나이다"(28절)라고 장담한다(아마 장모의 소유이기는 했겠지만 그는 가버나움의 집을 그대로 두었을 것이다).

마가의 본문은 많은 의문을 불러일으킨다. 우선, 예수께서 사랑하신 이 질문자의 정체가 궁금하다. 그의 나이나 그가 많은 재물을 얻은 경위를 안다면 그에 대한 우리의 평가가 달라질까? 예수님을 떠나 필시 '많은 재물'로 되돌아간 그는 이 마지막 모습 이후로 어떤 운명을 맞이했을까? 우리가 동질감을 느끼는 쪽은 외관상 모든 것을 갖춘 이 사람인가, 아니면 가난하고 헐벗고 굶주린 사람들 쪽인가? 마가는 왜 굳이 이곳에서만 예수께서 특정인을 사랑하셨다고 밝혀 놓았을까? 왜 하필 제자가 되지 못했을 **이 사람**인가?

다음으로, 그가 예수님을 "선한 선생님"이라고 부른 것과 그분이 "선한"이라는 수식어를 거부하신 것을 우리는 어떻게 해석할 것인가? "선생님"은 예수님께 걸맞은 호칭인가, 아니면 '주님'이나 '랍비'가 더 나았겠는가? '선해지고' 싶거나 율법을 지키려는 마음과 관련하여, '선하다'라는 말에는 어떤 의미가 담겨 있겠는가?

셋째로, 십계명을 인용하시는 예수님의 아주 특이한 방식을 어떻게 이해할 것인가? 그분은 "속여 빼앗지 말라"를 첨언하실 뿐 아니라 부모를 공경하라는 제5계명을 맨 마지막에 두신다.

넷째로, 예수님은 질문자에게 왜 있는 것을 다 팔라고 말씀하실까?

끝으로, 낙타와 바늘에 대한 말씀을 어떻게 볼 것인가? 또 그것은 하나님으로서는 다 하실 수 있다는 사실과 어떤 관계가 있는가?

이상의 의문에 대한 답은 제자가 될 뻔했던 이 사람과 우리 자신을 어떻게 이해하느냐에 다분히 달려 있다.

예수의 어려운 말들

질문자

나는 이 친구가 좋다. 나는 질문하는 사람들이 좋다. 정답을 알 만한 교사나 과학자나 변호사를 과감히 찾아가는 사람들이 좋다. 어린 시절에 아버지는 내 취침 시간 1시간쯤 전에 내게 오래된 『유대교 백과사전』 중에서 한 권을 가져오게 하곤 했다. 매번 아버지는 (바그너를 제외한 푸치니와 비발디와 로시니의) 오페라를 전축에 틀어 놓고 각 권에 실려 있는 "(무슨무슨 철자)로 시작되는 단어를 하나 말해 보렴" 하고 주문했다. 그러고는 내게 그 단어에 대한 설명을 읽어 주었다. 나는 사람 이름을 댈 때도 있었는데(제1권에는 아담, 아벨, 아브라함, 아비멜렉, 아비가일, 아모스 등 성경 인물이 많아서 참 좋았다), 한번은 내 이름인 '에이미질'을 청했더니 아버지는 "아직은 여기에 없는 이름이네"라고 말했다.

마가는 제자가 될 뻔했던 이 사람에 대해 재물이 많다는 것 말고는 별로 자세히 말하지 않는다. 그는 자기가 원하는 대로 얻는 데 익숙했던 특권층 사람인지도 모른다. 마가의 버전—이후에 쓰여진 마태와 누가의 기록보다 길다—에서 그는 예수께로 달려와서 그분 앞에 꿇어앉는다. 지금 예수님이 계신 곳은 집이나 회당 안이 아니다. 실내라면 그분의 치유와 축사(逐邪)와 복과 지혜가 필요한 사람들을 그분이 영접하실 수 있고, 제자들도 교통정리를 하기에 더 편할 것이다. 그분이 바깥에서 길을 가시는데 이 친구가 그분을 세우며 털썩 무릎을 꿇는다. 자신의 말을 들어 주실지 여부에 대해 그분께 선택권을 거의 드리지 않은 셈이다. 기어이 말씀드리려는 의지가 엿보인다.

마태와 누가는 동일한 사건을 기술할 때 마가의 세부 사항을 일부 빼고 그 밖의 살을 입힌다. 마태복음 19장 20절과 22절에 보면 이 친구는 "청년"이다. 덕분에 그에게 더 동정이 간다. 이 "청년"은 아직 사회적으로 책임질 지위에 있지 않았다. 부양가족이나 처자식이 없었고, 사업으로나 신앙으로나 아직 자신이 바라는 만큼 이름을 떨치지 못했을 것이다. 시위 피켓이나 총장실 연좌 농성이나 촌철살인의 SNS 게시물로 자신이 금세 세상을 뜯어고칠 수 있다는, 젊은이의 이상론이 그에게 있었을지도 모른다. 또 그는 인내력만 기를 수 있다면 지혜가 자라 갈 시간도 있었다.

"청년"이 왜 영생을 얻으려고 고민했는지는 확실하지 않다. 내가 아는 많은 청년은 두려움이 없고, 고민과 관심사도 영생이라기보다 삶을 최대한 누리는 것이다. 영원이나 미래를 의식하는 이들도 더러 있기는 하다. 볼 것도 많고 할 일도 많은데 지금에 안주할 까닭이 무엇이겠는가? 아마 이 청년은 죽을 뻔했던 적이 있었는지도 모른다. 어쩌면 부모가 돌아가셔서 지금 마음이 약해져 있거나 자신의 죽을 운명을 직시하게 됐는지도 모른다. 이 청년 덕분에 어쩌면 우리도 잠시 멈추어, 내게 남은 시간이 얼마나 되며 무엇을 하며 하루하루를 보낼지 의문에 잠길 수도 있다.

누가는 이 친구를 '관리'나 '일인자'를 뜻하는 헬라어 단어 '아르콘'으로 칭하여 신원의 다른 면모를 보여 준다(눅 18:18). 누가는 이 단어를 좋아해서 누가복음에 경제적으로나 정치적으로 영향력 있는 인물을 지칭할 때 다섯 번을 더 썼다. 예컨대 예수님은 회당장(아르콘) 야이로의 죽은 딸을 살려 주셨고(8:41), 한 바리새인 지도자(아르콘)는 집에서 예수님을 대접했으며(14:1), 빌라도는 예루살렘의 현지 관리(아르콘)들을 대제사장들과 함께 불러 모았다(23:13, 참조 23:35, 24:20). 지금으로 말하자면 특권층 인사, 사회 자본이 있는 사람, 자기 분야에서 주목과 존경을 받는 사람, 경제 지도자, 의사, 변호사, 일류 운동선수, 성직자(어쩌면), 교수(우리로서는 큰 행운이지만) 등이 이에 해당할 것이다. 어쨌든 우리는 그들이 누구인지 안다.

누가는 또 "재물이 많"다는 마가의 표현에 살을 입혀, 제자가 될 뻔했던 그를 "큰 부자"(헬라어로 '플루시오스 스포드라')라 칭한다(18:23). '부유하다'라는 뜻의 원어 '플루시오스'에서 '금권 정치'(plutocracy) 같은 단어가 나왔다. 큰 부자인 이 관리가 영생을 궁금해 한 이유는 이 땅에서 갖고 싶을 만한 것은 다 가졌기 때문인지도 모른다. 부모의 좋은 조건을 물려받은 그는 이제 그 이상을 원했다. '가진 자'인 자신과 대다수 '못 가진 자' 사이의 괴리는 안중에 없이 '더 가진 자'가 되고 싶었다. 마가는 예수님께 말을 건 이 진지한 친구를 그분이 사랑하셨다고 밝혔으나 누가와 마태는 그 말을 빼놓았다.

질문자에 대한 우리의 이해는 그를 어떤 사람으로 보느냐에 일부 달려 있다. 그는 15세인가 50세인가? 세상을 변화시키고 싶은 유복한 집안의 자식인가, 아니면 평생 노력해서 세상적 기준으로 성공했으나 여전히 공허하게 느껴지는 안정된 기업인인가? 그에게 배우자와 가정이 있다면 그에 대한 우리의 생각이 달라질까? 이 친구가 여자라면 이야기의 의미가 달라질까?

세 복음서의 기사가 모두 합쳐져서 전통적으로 그는 '부자 청년 관원'이라 불린다. 내 상상 속의 그는 명문가의 자제에다 줄곧

명문 학교 출신이고 각종 맞춤형 클럽의 회원이다. 제자가 될 뻔했던 그는 기대 이상의 실적으로 꼭 남을 능가하고 싶었다. 새로운 도전을 원하면서도 한편으로는 너무 고생하지 않고 성공할 수 있기를 꿈꾸었다.

또 내 생각에 이 청년은 가르치시고 병을 고치시는 예수님의 명성을 알았고, 자신의 질문에 그분이 이렇게 답하실 줄로 예상했다. "사랑하는 청년이여, 장하게도 너는 이미 잘하고 있으니 계속 그대로만 하여라. 그러면 이 세상에서든 천국에서든 사는 데 아무런 문제도 없을 것이다." 그는 인정과 칭찬을 원했다. 삶이 공허하게 느껴져서 예수님에게서 아쉬운 답을 얻을 수 있다고 생각했는지도 모른다.

하지만 옛말에도 있듯이 "무엇이든 함부로 구해서는 안 된다."

"선한 선생님이여……"

마가에게 예수님은 출중한 선생이시다. 1장 22절부터 벌써 가버나움 회당의 사람들은 "그의 교훈에 놀라니 이는 그가 가르치시는 것이 권위 있는 자와 같고 서기관들과 같지 아니함"이었다(참조 마 7:29. 산상 수훈에 대한 무리의 반응도 똑같이 표현되어 있다). 즉 그분은 서기관들처럼 다른 선생들한테 배워서 말씀하시는 게 아니라 독자적으로 말씀하신다. 무리가 그분의 가르침에 놀랄 일은 계속된다. 더러운 귀신들까지도 그분께 순종할 때(1:27), 그분의 가르침을 비유로 들을 때(4:2), 다른 사람들이 그분을 '선생님'이라 부를 때 등이 그렇다. 풍랑 중에 죽을까 봐 무서워진 제자들은 배 안에서 주무시던 그분을 "선생님이여"라고 부른다(4:38). 야이로의 아내와 친구들은 딸이 이미 죽었으니 예수님을 더 괴롭게 하지 말라며 그분을 선생이라 칭한다(5:35). 그분은 시간을 들여 갈릴리 여러 마을에서 가르치신다(6:2). 경제에 대한 이번 논란의 말씀에서 한 장 앞으로 가면, 어떤 사람이 무리 중에서 "선생님, 말 못하게 귀신 들린 내 아들을 선생님께 데려왔나이다"라고 외친다(9:17).

이번 장의 본문에까지 오기 전에, 가르침과 선생이 두 차례 더 언급된다. 마가복음 9장 31절에서 예수님은 제자들에게 자신이 사람들의 손에 넘겨져 죽임을 당하고 다시 살아날 것을 가르치신다. 끝으로 9장 38절에서 제자 요한은 예수님께 "선생님, 우리를 따르지 않는 어떤 자가 주의 이름으로 귀신을 내쫓는 것을 우리가 보고 우리를 따르지 아니하므로 금하였나이다"라고 말한다.

이후에도 마가복음에 '선생'이라는 호칭과 '가르침'이라는 단어가 계속 등장한다. 이런 예를 드는 이유는 거기서 예수님이 어떤 선생인지를 엿볼 수 있기 때문이다. 마가복음에는 마태복음의 '산상 수훈'이나 누가복음의 '평지 수훈'이 없다. 사실 마가가 몇 가지 비유를 모아 놓은 4장을 제외하면 마가복음에 가르침의 내용은 거의 없다. 마가복음에서 예수님의 가르침은 병을 고쳐 주시고, 귀신을 쫓아내시고, 병든 자녀의 부모에게 희망을 주시고, 제자들을 죽음에서 건지시는 등의 행동으로 표현된다. 말보다는 본보기로, 강론보다는 실행으로 가르치신다.

질문자는 예수님을 "선한 선생님이여"라고 부른다. 그분께 주의를 기울였더라면, 그는 거기서 더 깊이 들어갈 수 있음을 그분의 삶, 곧 그분의 가르침을 보고 알았을 것이다. 제자들이 집을 떠난 것과 예수님이 돈을 받지 않고 병을 고쳐 주시는 것도 알았을 테고, 바로 앞 장에서 그분이 제자들에게 "인자가 많은 고난을 받고 장로들과 대제사장들과 서기관들에게 버린바 되어 죽임을 당하고 사흘 만에 살아나야 할 것"(막 8:31)이라 하신 말씀도 들었을지 모른다. 흥미롭게도 마가는 여덟 장에 걸친 비유와 다른 수수께끼 같은 말씀들 끝에 이제야 비로소 예수께서 "드러내 놓고 이 말씀을 하시니"라고 토를 단다(8:32).

마가복음에서 '선생'이 예수님께 최고의 호칭인지도 분명하지 않다. 교사직을 깎아내리려는 것은 아니다. 나도 선생이며 교육을 명예로운 직업으로 여긴다. 그러나 책에서 얻는 많은 지식에도 불구하고 진정한 인생 교훈을 배우는 곳은 학교 강의실이라기보다 서로 간의 교류, 대화, 병원 응급실, 마트, 주일학교 모임, 자수 동호회, 축구 경기장, 가정, 그리고 지금은 화상 플랫폼 등이다. 마가복음에서 예수님이 가장 중시하시는 가르침은 행동이다. 귀신과 질병과 죽음으로부터 사람을 건져 참으로 '구원하시는'—이 단어에 함축된 모든 의미로—것이다.

마가복음에서 누군가 예수님을 '선생님'이라 부를 때면 대개 뒤이어 청하는 가르침의 성격에 문제가 있다. 이 호칭에 으레 의심이나 제약의 느낌이 수반되기 때문이다. 예컨대 이 호칭이 처음 쓰인 4장 38절에서 제자들은—노련한 뱃사람들인데도—타고 있던 배가 광풍을 만나자 공포에 휩싸인다. 배 안에서 잠드신 예수님은 당연히 태평하시다. 그런데 제자들이 그분을 깨우며 "선생님이여, 우리가 죽게 된 것을 돌보지 아니하시나이까"라고 묻는다. 물론 그분은 돌보시며 물론 그들은 죽지 않는다. 예수님을 '선생' 보다 '주님'으로 생각했더라면 그들은 더 안심했을 것이다. 배를 다루는 자신들의 수완을 기억했더라면 예수님을 좀 더 주무시게 두었을 수도 있다.

다음 장에서 예수께서 회당장 야이로의 집으로 가시던 중에 어떤 사람들이 야이로에게 "당신의 딸이 죽었나이다. 어찌하여 선생을 더 괴롭게 하나이까"라고 말한다(5:35). 예수님을 선생보다 '주님'으로 생각했더라면 그들은 야이로에게 단념하지 말고 믿으라고 말했을지도 모른다. '선생'이라는 호칭을 쓰면서 도움을 청한 사람들은 대부분 비슷한 문제가 있었다. 마가복음 9장 17절과 38절, 10장 35절, 12장 14절과 19절, 13장 1절 등이 그 예다. 마가의 요지는 예수님을 위대한 선생으로만 생각하면 그분의 가장 중요한 점을 놓친다는 것이다. 마가복음에 따르면 그 가장 중요한 점은 바로 그분이 고난을 당하시고 자기 목숨을 많은 사람의 대속물로 주시는 것이다(막 10:45).

이와 비슷하게 그분을 디어 애비, 과학자 빌 나이, 닥터 루스, 판사 주디(모두 신문 칼럼이나 TV 프로그램에서 문제에 답해 주는 인물이다—옮긴이)를 합해 놓은 '해결사'로만 보아도 요지를 놓친다. 예수님이 문제마다 다 답을 주시지는 않기 때문이다. 우리의 질문을 고쳐야 할 수도 있고, 우리가 원하는 답이 우리에게 필요한 답이 아닐 수도 있다. 여섯 살 때 필요한 답과 예순 살 때 필요한 답이 반드시 같지는 않다.

성경은 답하는 책이라기보다 제대로 질문하도록 돕는 책이다(다른 저서들에 했던 말이지만 되풀이할 가치가 있다). 특히 마가복음에서 예수님은 우리의 모든 질문에 답하지는 않으신다.

그분은 많은 것을 설명하지 않고 경이로운 신비로 남겨 두신다. 하나님의 속성을 공유하신 그분은 능히 죄를 용서하시고, 날씨를 주관하시고, 죽은 자를 살리시고, 물 위를 걸으신다. 그런데도 나사렛에서는 사람들의 "믿지 않음"을 인하여 권능을 "행하실 수 없"다(막 6:5-6). 그런데도 십자가에서는 "나의 하나님, 나의 하나님, 어찌하여 나를 버리셨나이까"라고 부르짖으신다(막 15:34, 참조 마 27:46. 시편 22편 1절을 인용하신 말씀이다). 예수님이 가르치시는 방식은 고난의 이유를 묻는 질문에 답하시는 식이 아니다. 대신 그분은 고난을 이해하신다는 것을 보여 주시고, 고난이 이야기의 결말일 수 없음을 역설하신다. 그분은 죽으심으로 가르치신다. 마가복음에서 그분은 빈 무덤에서 풍성한 삶으로 나아가는 일을 독자들의 몫으로 남겨 두신다.

"내가 무엇을 하여야 영생을 얻으리이까"

질문자가 예수님을 "선생님"이라 부르는 이유는 "내가 무엇을 하여야 영생을 얻으리이까"(막 10:17)라는 의문의 답을 원하기 때문이다. 복음서에 이 질문이 제기된 곳은 여기만이 아니다. 선한 사마리아인의 비유가 나오기 직전에 한 율법 교사가 예수님을 시험하려고 누가복음 10장 25절에서 똑같이 묻는다. "내가 무엇을 하여야 영생을 얻으리이까." 표현을 그렇게 하면 이 물음은 덫이 될 수 있다. "시험하여"라는 말이 바로 그런 의미다('시험에 부치다'에 해당하는 헬라어 단어는 "우리를 시험(유혹)에 들게 하지 마시옵고"에 "유혹"으로 번역된 단어와 똑같다).

누가복음의 장면에서는 예수께서 질문으로 답하신다(다시 그 소크라테스 방식이다). "율법에 무엇이라 기록되었으며 네가 어떻게 읽느냐"(눅 10:26). 율법 교사가 고른 답은 십계명 중 몇 가지가 아니라 신명기 6장 5절의 하나님 사랑과 레위기 19장 18절의 이웃 사랑이다. 예수님은 일단 "네 대답이 옳도다"라고 말씀하신 뒤 초점을 영생에서 지금 여기의 삶으로 옮기신다. "이를 행하라, 그리하면 영생을 얻으리라"가 아니라 "이를 행하라, 그러면 살리라"라고 덧붙이신 것이다. 그분은 계명 하나만 지키면 된다는 식이 아니라 이웃을 우리 자신처럼 사랑하는 데 훨씬 더 초점을 맞추신다.

계명 하나만 있으면 된다고 말하면 요지를 놓친다. 율법을 지키는 것은 점검표가 아니라 생활 양식이다. 부모를 공경하고 사회 약자(전통적으로 빈민과 과부와 고아와 외국인에 해당한다)를 돌보라는 등의 다양한 '긍정적' 계명은 한 번 지키고 끝나는 게 아니라 삶의 방식이다. 뭔가를 하지 말라는 '부정적' 계명도 모두 마찬가지다. 영생이란 마치 완주해야 하는 달리기나 필수 과목을 들어야 하는 학위나 밤낮없이 일하고 받는 임금처럼 우리의 노력으로 '얻어 내는' 것이 아니다.

나는 누가복음의 이 율법 교사가 싫고 그의 질문도 싫다. 화자를 함정에 빠뜨리려 하거나 화자의 입장을 타협하게 만들려는 질문은 달갑지 않다.

예수님이 사랑하신 마가복음의 질문자에게 더 마음이 간다. 물론 그는 이기적이고 어쩌면 섬뜩하기까지 하다. 그의 관심사는 무덤가에 살던 벌거숭이 남자처럼 귀신에게서 해방되는 것도 아니고, 야이로처럼 죽음의 문턱에 다다른 아이를 살려 내는 것도 아니다. 그는 부유하고 건강한 데다 자신감이 넘친다. 은행에 돈이 많은 그가 하늘에 대형 금고까지 확보해 두려 한다. 이미 부자인 그가 그 이상을 "얻으"려(원문에는 재정 은유인 '물려받는다'라는 단어를 썼다) 넘본다. 한마디로 그는 자기밖에 몰랐다. 내 딸이 이런 남자를 사귄다면 나는 싫을 것이다.

그런데 이기심도 나쁜 것은 아니고 오히려 필요하다. 자신을 돌보지 않고는 남도 돌볼 수 없다. 랍비 힐렐이 했다는 이런 말이 있다. "내가 나를 위하지 않으면 누가 나를 위하겠는가? 하지만 나밖에 모른다면 나는 누구인가? 지금이 아니면 언제인가?"(피르케이 아보트 1:14). 언제 무엇이 필요하며 누구를 위해 누구로부터 필요한지만 잘 정한다면, 자신을 챙기는 것은 좋은 일이다. 우리는 궁핍할 때는 돈을 구해야 하고, 괴로울 때는 고통을 덜 방도를 구해야 하며, 비통할 때는 위로와 시간을 구해야 한다. 하지만 건강하고 부유할 때도 필요한 것이 있으니 곧 지혜다.

나는 예수님께 뭔가를 구할 기회가 주어진다면 영생을 얻을 생각부터 하지는 않을 것이다. 그거라면 하나님이 어련히 알아서 하실 테니 말이다. 다니엘서에 이런 말씀이 있다. "땅의 티끌 가운데에서 자는 자 중에서 많은 사람이 깨어나 영생(히브리어로 '르하예 올람.' 뮤지컬 〈지붕 위의 바이올린〉을 좋아하는 이들은 '르하임'(삶을 위하여)이라는 노래를 기억할 것이다)을 받는 자도 있겠고 수치를 당

예수의 어려운 말들

하여서 영원히 부끄러움을 당할 자도 있을 것이며 지혜 있는 자는 궁창의 빛과 같이 빛날 것이요 많은 사람을 옳은 데로 돌아오게 한 자는 별과 같이 영원토록 빛나리라"(단 12:2-3). 「미쉬나」에도 "장차 올 세상에 온 이스라엘이 동참하리라"라고 되어 있다(m. 산헤드린 10:1). 유대교의 하나님은 자비와 긍휼의 신이시며, 따라서 예수께서 전파하신 하나님도 그렇다. 그러니 우리 중에 죄 짓는 사람 즉 모든 사람은 회개할 수 있고 회개해야 한다.

기회가 주어진다면 우리는 예수님께 어떤 질문을 할 것인가?

"네가 어찌하여 나를 선하다 일컫느냐. 하나님 한 분 외에는 선한 이가 없느니라"

내가 가르치는 학생들 중 다수는 이 구절을 좋아하지 않는다. 예수님이 신성을 지니셨고 삼위일체의 제2위격이자 곧 하나님이신 만큼, 그들은 그런 그분을 선하다 일컬어서는 안 된다는 개념에 저항한다. 그들만 그런 것도 아니다. 복음서 저자인 마태도 예수님을 격하하는 듯한 이 문구에 심기가 불편하여 질문을 "어찌하여 선한 일을 내게 묻느냐"로 바꾸었다(마 19:17).

예수님이 이 친구를 틀렸다고 비판하신 것은 아니라고 본다. 학생들의 질문이 표현상 잘못될 수 있으나 그렇다고 그들이 악하거나 미련한 것은 아니다. 오히려 이것은 가르침을 줄 좋은 기회였다. 그래서 예수님은 자신에 대해 가르쳐 주신다.

히브리서에 보면 예수님은 "우리의 연약함을 동정하지 못하실 이가 아니요 모든 일에 우리와 똑같이 시험을 받으신 이로되 죄는 없으"신 대제사장이시다(히 4:15). 내가 생각하는 예수님은 죄 짓는다는 게 무엇인지 아시는 분이다. 그래야 죄책감과 수치심이 어떻게 작용하고 회개와 용서가 어떻게 느껴지는지도 다 아실 테니 말이다. 이 모두가 인간의 필연적 요소다. 그래도 나는 히브리서 저자나 기독교 교리를 논박하기보다는 그분의 반문을 다른 관점에서 보고 싶다.

히브리서에 따르면 예수님은 죄를 짓지 않으신다. 그러나 복음서에 보면 그분은 배우실 수 있고, 성숙하게 자라 가실 수 있고, 공감이 깊어지실 수 있다. 그래서 누가는 "예수는 지혜와 키가 자라 가며 하나님과 사람에게 더욱 사랑스러워 가시더라"라고 썼다(눅 2:52). 마가복음 7장의 기사에서(이 책 3장도 참조하라) 수로보니게 여인은 용케 예수님의 생각을 바꾸어 놓았다. 처음에 그분은 그녀의 딸에게서 귀신을 쫓아내시기를 마다하셨으나 그녀가 그분 자신의 말씀으로 받아넘기자 "이 말을 하였으니 돌아가라. 귀신이 네 딸에게서 나갔느니라"라고 말씀하셨다(막 7:29).

제자가 될 뻔했던 청년을 향한 예수님의 가벼운 꾸지람은 다시 우리를 그 청년의 질문으로 데려간다. 언제 어떤 계명을 지킬 것인지는 우리가 골라서 정할 문제가 아니다. 우리는 자신이 '선한지'('선한 교사', '선한 목사', '선한 정원사', '선한 간호사' 등인지) 여부에 신경 쓰기보다 하루하루 선을 실천하는 데 더 관심을 쏟아야 한다. 그러다 곁길로 빠지면 회개하고 수습하고 다시 시작하면 된다.

예수의 어려운 말들

"네가 계명을 아나니 살인하지 말라, 간음하지 말라,
도둑질하지 말라, 거짓 증언 하지 말라, 속여 빼앗지 말라,
네 부모를 공경하라 하였느니라"

질문자는 자신이 무엇을 해야 할지 물을 필요가 없었다. 예수께서
"네가 계명을 아나니"라고 지적하셨듯이 그도 이미 알고 있었다.
절대다수의 사람은 언약의 우리 쪽 의무를 다하는 것으로 충분하
다. 우리의 본분은 하나님이 되는 것이 아니라 최대한 선한 사람
이 되는 것이며, 유대인의 경우 그러려면 하나님의 말씀에 주목해
야 한다. 그분의 말씀은 성경 속에 담겨 있고, 늘 공동체에 의해 해
석되며, 십계명(출 20장)에만 아니라 신명기 6장(하나님을 사랑함)
과 레위기 19장(이웃과 나그네를 사랑함)의 더 중한 계명에도 늘 관
심을 기울인다. 이 더 중한 계명들은 훗날 복음서에도 강조된다.
한 서기관이 예수님께 613개 계명 중 무엇이 가장 크냐고 묻자 예
수님은 이렇게 답하신다. "첫째는 이것이니 '이스라엘아, 들으라.
주 곧 우리 하나님은 유일한 주시라. 네 마음을 다하고 목숨을 다
하고 뜻을 다하고 힘을 다하여 주 너의 하나님을 사랑하라' 하신
것이요 둘째는 이것이니 '네 이웃을 네 자신과 같이 사랑하라' 하
신 것이라. 이보다 더 큰 계명이 없느니라"(막 12:29-31).
　　예수께서 질문자에게 십계명 중 몇 가지를 열거하셨다 해서
"그것만 하면 되느니라"라는 말씀은 아니고 일부로써 전체를 대변
하신 것이다. 즉 열 가지 계명에 하나님 사랑과 이웃 사랑까지 더
하여 모두 12과의 공부가 가능할 것이다. 그러나 여기서 특히 주
시해야 할 점은 두 가지다. 하나는 예수께서 "탐내지 말라"를 "속

여 빼앗지 말라"로 바꾸신 것이고, 또 하나는 부모 공경을 목록의 서두가 아니라 말미에 두신 것이다.

십계명의 마지막 계명은 이렇다. "네 이웃의 집을 탐내지 말라. 네 이웃의 아내나 그의 남종이나 그의 여종이나 그의 소나 그의 나귀나 무릇 네 이웃의 소유를 탐내지 말라"(출 20:17). 모세와 대화할 기회가 있다면 나는 표현을 고치라고 제안하고 싶다. 본문의 어법에는 아내도 소, 낚시 도구함, 새끼손가락의 반지 등과 비슷하게 재산으로 전제되어 있다. 또 인류의 대부분이 마침내 적폐로 인식하게 된 노예 제도도 버젓이 규범으로 등장한다. 성차별과 노예 제도는 하나님의 형상과 모양대로 지음 받은 우리 모두의 인간성을 말살한다.

예수님은 "탐내지 말라"를 "속여 빼앗지 말라"로 대체하신다. '탐내다'와 '속여 빼앗다'는 동의어가 아니다. 탐심은 태도지만 사취는 행동이다. 이 대체가 어찌나 튀어 보이던지 누가(눅 18:20)와 마태(마 19:18)는 속여 빼앗지 말라는 말씀을 아예 빼 버렸다. 예수님이 성차별과 노예 제도를 혐오하셔서 탐심 조항을 제외하셨다면 좋겠지만, 내 생각에 그렇지는 않다. 틀림없이 다른 이유가 있다.

성서학자로서(내 자랑이 맞지만 약간일 뿐이다) 이 대체를 이해하려면 우선 '속여 빼앗다'라는 단어의 다른 용례를 살펴 그 말에 내포된 의미를 파악해야 한다("속여 빼앗지 말라"의 헬라어 원어는 '메 아포스테레세스'다). 성구 사전을 찾아보면, 먼저 바울 서신이 나온다. 고린도전서 6장 7-8절에서 그는 특히 법정에 고발하여 서로 속이는 이방인 신자들을 책망한다. 이때의 '속인다'라는 단어는 교묘히 법을 이용해서 공동체 식구의 돈을 뜯어낸다는 의미에 가깝다. 합법일지 몰라도 옳지는 않다.

이 단어의 다른 용례도 몇 가지 있지만, 마가복음 10장과 비교하기에 가장 중요한 예는 야고보서 5장 4절에 나온다. "보라, 너희 밭에서 추수한 품꾼에게 주지 아니한(헬라어로 동일한 동사인 '아페스테레메노스') 삯이 소리 지르며 그 추수한 자의 우는 소리가 만군의 주의 귀에 들렸느니라." 이 서신은 산상 수훈과 비슷한 데가 많고, 아무래도 예수님의 가르침을 잘 기억해서 담아냈다. 그런데 여기서 속여 빼앗는 주체는 부유한 지주이고 피해자는 날품팔이꾼이다.

단어를 검색하다 그다음에 만난 것은 구약의 헬라어 역본인 칠십인역의 12소예언서 중에서 마지막 책이다. 말라기 3장 5절에 이런 말씀이 있다. "내가 심판하러 너희에게 임할 것이라. 점치는 자에게와 간음하는 자에게와 거짓 맹세하는 자에게와 품꾼의 삯에 대하여 억울하게 하며(NRSV에는 히브리어가 '압제하다'로 직역되었으나 헬라어 역본에는 동일한 동사인 '아포스테룬타스'가 쓰였다) 과부와 고아를 압제하며 나그네를 억울하게 하며 나를 경외하지 아니하는 자들에게 속히 증언하리라. 만군의 여호와가 말하였느니라." 보다시피 하나님이 정죄하시는 압제의 유형이 상술되어 있다. 이 내용은 구약 외경에도 되풀이된다. 시라크의 아들 예수는 "너는 들어라, 곤궁한 사람에게 먹을 것을 거절하지 말고 가난한 사람에게 피눈물을 흘리게 하지 말아라"라고 말했다(집회서 4:1).

예수님은 사람의 생각뿐 아니라 마음까지도 읽으신다. 그래서 "그들(어떤 서기관들)이 속으로 이렇게(누가 능히 죄를 사하겠느냐고) 생각하는 줄을 예수께서 곧 중심에 아시고 이르시되 '어찌하여 이것을 마음에 생각하느냐'"라고 하셨다(막 2:8). 마태복음 6장 24절(누가복음 16장 13절과 비교하라)에 그분이 "너희가 하나님과 재물[맘몬. '부'에 해당하는 아람어 단어]을 겸하여 섬기지 못하느니라"라고 하신 말씀도 농담이 아니었다.

그때도 그랬고 지금도 다분히 그렇거니와, 굳이 성구 사전이나 독심술이 없어도 경제 원리를 웬만큼 알 수 있다. 바로 빈익빈 부익부다. 레위기 19장 13절에 지적되어 있듯이, 속여 빼앗는 것은 일용직 노동자를 착취하는 것과 맞물려 있다. "너는 네 이웃을 억압하지 말며 착취하지 말며 품꾼의 삯을 아침까지 밤새도록 네게 두지 말며." 신명기 24장 14-15절에도 노동 빈곤층에 대한 우려가 반복된다. "곤궁하고 빈한한 품꾼은 너희 형제든지 네 땅 성문 안에 우거하는 객이든지 그를 학대하지 말며 그 품삯을 당일에 주고 해 진 후까지 미루지 말라. 이는 그가 가난하므로 그 품삯을 간절히 바람이라. 그가 너를 여호와께 호소하지 않게 하라. 그렇지 않으면 그것이 네게 죄가 될 것임이라." 율법서와 예언서와 지혜서 할 것 없이, 속여 빼앗는 주체는 바로 빈민의 노동을 착취하는 부자다.

그렇다면 혹시 예수님은 이 부유한 질문자의 돈이 어디서 났는지 아셨을까? 그는 부모가 다른 사람들을 속여 빼앗은 돈을 물려받은 것일까? 합법적으로 허점을 이용했지만 옳지는 않았던 것일까? 예수님은 십계명의 초점을 바꾸어 이렇게 물으신다. 우리는 자신이 물려받은 재산이 어디서 났는지 또는 어떻게 취득되었는지 아는가? 이 질문을 현대식으로 이렇게 이해해 볼 수도 있다.

예수의 어려운 말들

"우리는 자신의 특권이 어디서 왔는지 아는가? 그게 우리 눈에 보이기나 하는가?"

성경에 사회 약자에 대한 관심이 지속되다 보니 급기야 부자는 죄인이라는 관점까지 생겨났다. 다시 말해서 성경이 전하는 복음은 기복 신앙의 반대라는 것이다. 제2성전기에 유대인들이 집필한, 정경 이외의 문서들도 마찬가지다.

신명기 28장 1-6절과 잠언 10장 22절을 근거로 많은 그리스도인으로부터 "유대인은 부를 의와 연결시킨다"라는 (나로서는 생뚱맞은) 말을 듣곤 한다. 이것은 틀린 말이다 못해 유대교 전통을 음해하는 말이다. 우선 신명기 본문은 개인 대상이 아니라 전체 언약 공동체가 율법을 지킬 때 누리는 복에 대한 말씀이며, 율법 자체에 빈민을 구제하고 나그네를 영접할 의무가 규정되어 있다. 누구도 빈민이나 나그네를 덜 의롭게 여기지 않았다. 잠언 10장 22절은 "여호와께서 주시는 복은 사람을 부하게 하고 근심을 겸하여 주지 아니하시느니라"인데, 요지는 부를 의와 동일시하는 게 아니다. 반대로 이 말씀은 첫째로, 성공의 공로를 하나님께 돌릴 것과 둘째로, 더 부유해지려고 애쓰지 말 것을 일깨워 준다. 정경은 아니지만 널리 알려진 에녹1서라는 책에 이런 말이 나온다. "너희가 죄를 짊어지고 죽음의 문을 노크할 때에 너희와 같은 무리는 너희에게 이렇게 말할 것이다. '행복하구나 죄인들아, 그들은 천수를 다하였다. 지금 그들은 행복하고 부유한 가운데에 죽고 살아 있는 동안 비참한 일이나 살육을 (내 몸에) 경험하지 않았다…….' 그러나 알아 두어라. 그들의 영은 지옥으로 끌어내려져 매우 비참한 꼴을 당할 것이다"(에녹1서 103:5-7).[1]

마가복음의 우리 본문에서 두 번째로 특이한 점은 열거된 계명 중에 부모 공경이 첫째가 아니라 맨 끝에 나온다는 것이다. 이 계명은 예수께서 바리새인들에게 손 씻는 의식을 논하실 때 이미 인용하신 바 있다. "모세는 '네 부모를 공경하라' 하고 또 '아버지나 어머니를 모욕하는 자는 죽임을 당하리라' 하였거늘"(막7:10).

부모를 공경한다는 것은 노년의 부모를 부양하는 것 이상이다. 예레미야는 "아버지가 신 포도를 먹었으므로 아들들의 이가 시다"(렘 31:29, 참조 겔 18:2)라는 속담을 인용했다. 그 반대도 마찬가지다. 자녀가 부적절한 행동을 하면 당연히 부모가 책임을 느낀다. 남의 자식이 절도나 마약 밀매로 체포되면, 지금도 우리 중에는 "가정 교육이 안 돼 있다"라든지 "엄마(항상 엄마다!)가 직장 생활을 하면 저렇게 된다"라고 생각하는 이들이 있다. 부모가 아무리 사랑으로 바른 행실의 모범을 보이고 아무리 시간과 정성을 쏟아 양육해도, 결국 자녀는 제 뜻대로 하게 마련이며 자녀의 그런 선택이 늘 옳지만은 않다.

제자가 될 뻔했던 그 사람이 부모를 충분히 공경했는지는 미지수다. 본인은 그렇다고 생각할지 모르지만 예수님은 모든 계명을 훤히 꿰시는 분이다. 특히 이 계명은 질문자와 적어도 두 가지로 직결된다. 첫째로, "네 부모를 공경하라"라는 제5계명에는 결과가 따라 나온다. "네 부모를 공경하라, 그리하면 네 하나님 여호와가 네게 준 땅에서 네 생명이 길리라"(출 20:12). 모든 계명의 초점은 지금 여기의 삶이지 막연한 미래가 아니다.

둘째로, 재물을 축적하는 것은 부모를 공경하는 최선의 방법이 아니다. 부모는 "(이 말씀을, 즉 시내산에서 하나님이 모세에게 준 율

예수의 어려운 말들

법을) 네 자녀에게 부지런히 가르치며 집에 앉았을 때에든지 길을 갈 때에든지 누워 있을 때에든지 일어날 때에든지 이 말씀을 강론할" 의무가 있다(신 6:7. "너는 마음을 다하고 뜻을 다하고 힘을 다하여 네 하나님 여호와를 사랑하라"에 바로 이어지는 구절이다). 따라서 그의 부모도 아들에게 마땅히 신명기 전체를 가르쳤어야 하는데, 거기에 "땅에는 언제든지 가난한 자가 그치지 아니하겠으므로 내가 네게 명령하여 이르노니 너는 반드시 네 땅 안에 네 형제 중 곤란한 자와 궁핍한 자에게 네 손을 펼지니라"(15:11)와 "곤궁하고 빈한한 품꾼은 너희 형제든지 네 땅 성문 안에 우거하는 객이든지 그를 학대하지 말며"(24:14)도 포함되어 있다. 제자가 될 뻔했던 그가 부모를 공경했다면 그의 선행이 알려졌을 수밖에 없다. 재물에 연연하지 않고 특히 가난한 자들을 돌보았을 테니 말이다.

그가 여짜오되
"선생님이여, 이것은 내가 어려서부터 다 지켰나이다"

그의 진지함이 귀해 보인다. 과장된 말은 아닐 것이다. 바울도 자신을 "율법의 의로는 흠이 없는 자"(빌 3:6하)라고 표현했다. 계명을 지키기란 어렵지 않으며, 궤도에서 벗어나더라도 늘 회개하면 된다.

그러나 계명 준수가 계명대로 사는 것과 똑같지는 않다.

질문자 혼자서는 명목상의 의무를 다했을지 모르나 그의 생각은 자신을 벗어나지 못했다. 고대 이스라엘은 모세가 가르치는 율법을 받을 때 "여호와의 모든 말씀을 우리가 준행하리이다"라고 공표했다(출 24:7하). 실천은 공동체 속에서 이루어진다. 율법은 필연적으로 관계를 내포하므로 누구도 혼자서는 율법에 순종할 수 없다. 이웃과 나그네를 사랑하려면 이웃과 나그네가 실존해야 한다. 우리는 사회의 기대에 부응하거니와 그 이상도 언제나 가능하다.

어느 유명한 노래에 "있는 그대로의 당신을 사랑해요"라는 후렴구가 있다. 하지만 사람은 변하고, 시대도 변하고, 필요한 것도 변한다. 본래 인간의 사랑은 자라나는 게 정상이다. 있는 그대로에 머물면 우리는 정체되고, 그래서 우리의 사랑도 정체되기 쉽다. 참 사랑은 그 사랑이 자라날 때 드러나는 법이며, 예수님은 이 진지한 질문자에게도 그런 성장이 있기를 바라셨다.

예수께서 그를 보시고 사랑하사 이르시되 "네게 아직도 한 가지 부족한 것이 있으니 가서 네게 있는 것을 다 팔아 가난한 자들에게 주라. 그리하면 하늘에서 보화가 네게 있으리라. 그리고 와서 나를 따르라" 하시니 그 사람은 재물이 많은 고로 이 말씀으로 인하여 슬픈 기색을 띠고 근심하며 가니라

마가복음에서 예수님이 누군가를 사랑하셨다는 말은 이곳에만 나온다. 그런데 그 사랑의 대상은 돈에 집착하느라 그분께 온전히 헌신하지 못한 사람이다. 사랑하셨다고 밝혀 놓은 이 대목은 얼마나 아름다운가. 온 마음으로 드리지 못하는 사람이라 해서 사랑받

예수의 어려운 말들

을 가치가 떨어지는 것은 아니다. 이 '잃은 양'(마태복음과 누가복음의 은유를 빌려서)은 아직 기회가 있으며, 누구 못지않게 사랑받을 가치가 있다. 이 사랑에 아마도 연민과 긍휼과 소망도 딸려 온다.

예수님의 사랑이 표정에 드러나는데도 이 사람의 마음은 맘몬에서 하나님께로 돌아서지 않았다. 그래서 그분의 가르침이 뒤따른다. 사랑은 요구한다. 예수님은 그의 결핍감을 진단하셨다. 다 가진 듯한 사람에게 부족한 것이 있다고 말씀하신다.

무엇이 부족한지는 그분의 말씀 끝 부분에 암시되어 있다. "하늘에서 보화가 네게 있으리라." 바로 이것이 그에게 부족했다. 자신만의 지상 천국에서 배부르고 등 따습게 살고 있었으니 말이다. 하늘에 보화를 쌓는 한 가지 방법은 구제다. 구약 외경 토비트서에 이런 말이 나온다. "옳지 못한 방법으로 부자가 되는 것보다는 진실한 마음으로 기도를 드리고 올바른 마음으로 자선을 행하는 것이 좋습니다. 황금을 쌓아 두는 것보다는 자선을 행하는 것이 더 좋은 일입니다. 자선은 사람을 죽음에서 건져 내고 모든 죄를 깨끗이 없애 버립니다. 자선을 행하는 사람은 장수하게 될 것입니다"(토비트 12:8-9).

제자가 될 뻔했던 이 사람은 보화를 땅에만 쌓아 둔지라 특단의 조치가 필요했다. 그래서 예수님은 그에게 모든 것을 버리라고 명하신다. 그래야만 그는 제자가 될 수 있다. 그 전에 예수님이 무리에게 "누구든지 나를 따라오려거든 자기를 부인하고 자기 십자가를 지고 나를 따를 것이니라"(막 8:34)라고 이르신 것과 같다. 그런데 얄궂게도 이 친구는 자기를 부인할 줄을 몰랐다.

"네게 있는 것을 다 팔아"가 만인에게 주시는 지침일 수는 없다. 그분은 누구에게나 이렇게 다 버리라고 명하시지는 않는다. 무조건 그렇게 명한다면 이는 부도덕할뿐더러 인간의 생계를 무시하는 처사다. 부양가족이 없는 부자에게 다 버리라고 하면, 그 과정에서 피해를 입을 사람이 없으므로 긍정적 반응이 가능하다. 아시시의 성 프란체스코가 좋은 예가 될 것이다. 그는 특권의 지위를 버리고 가난하게 섬기며 살았다. 반면에 자녀가 여럿인 데다 특히 의식주가 불안정하여 이미 고생하고 있는 사람에게 다 버리라고 하면, 자녀는 빈곤으로 떠밀리고 배우자의 삶은 더 고달파진다.

질문자는 돈에 발이 묶여 예수님께 온전히 헌신하지 못했다. 사람에 따라 명예, 권력, 미모, 경쟁, 자존심, 질투 등이 걸림돌(헬라어 단어는 '스캔들'의 어원인 '스칸달론'이 될 것이다)로 작용한다. 이모든 것 중에서 돈이 가장 치명적일 수 있다. 전도서 5장 10절에 보면 "은을 사랑하는 자는 은으로 만족하지 못하고 풍요를 사랑하는 자는 소득으로 만족하지 아니하나니 이것도 헛되도다"라고 했다. 마가복음 4장 18-19절에서 예수님은 가시 떨기에 뿌려진 씨를 "말씀을 듣기는 하되 세상의 염려와 재물의 유혹과 기타 욕심이 들어와 말씀을 막아 결실하지 못하게 되는 자"라고 설명하신다. 디모데전서 6장 10절에도 같은 말씀이 나온다. "돈을 사랑함이 일만 악의 뿌리가 되나니 이것을 탐내는 자들은 미혹을 받아 믿음에서 떠나 많은 근심으로써 자기를 찔렀도다."

"아무리 부유해지거나 아무리 날씬해져도 지나치지 않다"라고 주장하는 사람들에게 나는 "말도 안 된다"라고 응수한다(더 심한 말을 쓰고 싶지만 출판사에서 걸러 낼 테니). 탐욕은 병이라서 아무리 채워도 채워지지 않는다. 살 빼기에 대한 농담도 사라져야 한다. 왜곡된 신체 이미지 또한 병이기 때문이다. 자신이 한없이 더 날씬해져야 한다고 생각하는 거식증 환자는 외부의 개입이 없으면 죽을 수도 있다. 죽을 때 남보다 재산이 많다고 해서 승자가 아니다. 당신에 대한 최고의 찬사가 "남보다 가진 게 많았다"라면, 당신은 다니엘 12장 2절에 나오는 땅의 티끌 가운데 자는 자 중에서 "수치를 당하여서 영원히 부끄러움을 당할 자"가 되고 만다.

이 이야기를 마태의 버전으로 보면, 예수께서 청년에게 "**네가 온전하고자 할진대** 가서 네 소유를 팔아 가난한 자들에게 주라"라고 명하신다(마 19:21, 강조 추가). 그전에 같은 복음서의 산상 수훈에서 예수님은 "그러므로 하늘에 계신 너희 아버지의 온전하심과 같이 너희도 온전하라"라고 말씀하셨다(마 5:48). '구원의 권고'와 '완덕(온전함)의 권고'를 나누는 중세의 구분법은 바로 여기서 비롯되었다. 제자들 같은 성직자는 청빈을 통해 완덕의 길로 가야하지만, 나머지 우리는 (교회 유지비를 분담하는 것을 포함하여) 교회의 전반적 가르침에 따라 구원의 길을 고수하면 된다.

기준을 높게 정하신 예수님께 감사하기는 하지만, 내 생각에 온전함이란 인간이 이룰 수 없는 일이다. 더 나아지려고 늘 힘써야겠지만 이 땅에서는 우리가 온전한 수준에 도달할 수 없다. 나중에 마태는 아리마대 요셉을 "부자"('플루시오스', 마 27:57)로 소개한다. 요셉은 그대로도 문제가 없었다.

이야기는 예수께서 사랑하신 그 사람이 떠나가는 것으로 끝날 수도 있었다. 어쩌면 그분은 그가 맘몬의 수하에서 벗어나 재물을 버리고 하나님을 섬기게 되기를 기도하고 바라셨는지도 모른다. 그는 슬픈 기색을 띠거나 풀이 죽거나 충격을 받았다('스튀그나트조'라는 헬라어 동사에 그런 어감이 모두 들어 있다). 신약에서 여기 말고 이 단어가 쓰인 곳은 마태복음 16장 3절뿐이다. "아침에 하늘이 붉고 흐리면 오늘은 날이 궂겠다(스튀그나트조) 하나니." 내 생각에 이 청년은 얼굴이 붉어지고 눈물이 그렁그렁한 데다 분해서 콧날이 시큰거렸다. 그야말로 폭발 직전이다. 그런데 이야기는 계속된다.

예수께서 둘러보시고 제자들에게 이르시되 "재물이 있는 자는 하나님의 나라에 들어가기가 심히 어렵도다" 하시니 제자들이 그 말씀에 놀라는지라. 예수께서 다시 대답하여 이르시되 "얘들아, 하나님의 나라에 들어가기가 얼마나 어려운지 낙타가 바늘귀로 나가는 것이 부자가 하나님의 나라에 들어가는 것보다 쉬우니라" 하시니

예수님은 농담하신 게 아니다. 부는 천국 길을 막는 주요 걸림돌이다. 세상에 평화가 없는 주된 이유는 불균등한 소득 분배다. 부자는 더 부유해지는데 가난한 사람은 전 세계에 계속 증가하고 있다. 마가복음의 일부 초기 사본에 "재물을 의지하는 자는…… 심히 어렵도다"라고 되어 있으나 이 또한 예수님을 유화하려는 처사다. 그분의 논지는 부를 "의지하는" 문제가 아니라 "재물이 있는" 그 자체다.

낙타와 바늘에 대한 유명한 선언에 앞서 그분은 제자들을 "얘

　　　　　　　　　　　　　　　예수의 어려운 말들

들아"라고 부르신다. 이 단어는 부모를 공경하라는 계명을 환기시킨다. 여기서 예수님은 아버지 역할을 맡아 제자들에게 친히 그들을 보호해 주실 것을 약속하신다. "네 부모를 공경하라"의 위치가 바뀐 것은 이로써 또 다른 의미를 띤다. 이제 예수님이 이 자녀들의 아버지이시므로 그들은 그분을 의지하면 된다.

예루살렘에 '낙타 문'이 있어 낙타의 짐을 부려야만 사람이 지나갈 수 있다는 주장이 있지만, 그런 문은 존재하지 않는다. 본래 예수님이 쓰신 단어가 '낙타'(헬라어로 '카멜론')가 아니라 '굵은 밧줄'(헬라어로 '카밀론')이라는 주장도 있지만, 이 또한 성립되지 않는다.

첫째로, 밧줄을 바늘에 꿰는 것도 힘들기는 마찬가지다(옷가지를 꿰매는 바늘에 선착장에서 쓰는 밧줄이라니 상상이 되는가). 이 비유에 낙타라는 덩치 큰 동물이 안성맞춤인 이유는 낙타가 주로 재화를 실어 나르는 동물이기 때문이다. 낙타가 재물에 눌려 헉헉댈 수 있다면 사람도 마찬가지다.

둘째로, 랍비 문헌에도 낙타 대신 코끼리가 쓰인 비슷한 표현이 나온다(b. 베라코트 55b). 사실 코끼리를 바늘귀로 억지로 통과시킨다는 은유는 법정의 논고가 견강부회라는 뜻의 관용구다. 「바벨론 탈무드」의 후반부 한 소절(바바 메치아 38b)에 보면, 점잖은 랍비가 다른 랍비에게 이렇게 반문한다. "랍비님은 코끼리도 바늘귀로 지나가게 한다는 품베디타〔유명한 랍비 학교가 있던 곳으로 지금의 하버드나 예일이나, 괜찮다면 밴더빌트로 대체해도 좋다〕 출신이신 게로군요."

셋째로, "이것이 저것보다 쉽다"라는 표현은 양쪽 다 어렵다는 뜻이다. 이것이 이미 불가능하니 저것이야 더 말할 것도 없다. 일례로 예수님은 "율법의 한 획이 떨어짐보다 천지가 없어짐이 쉬우리라"라고 말씀하셨다(눅 16:17). 끝으로, 초기에 예수님을 따르던 이들은 이 일화 자체에 난색을 표했다. 그래서 베드로와 안드레 행전이라는 외경에 보면, 낙타가 걸어서 지나갈 수 있을 정도로 바늘귀가 커진다. 저작 시기가 늦은 편인 이 문서는 그분의 도발적인 말씀을 밋밋하게 바꾸어 놓았다. 급진적인 말씀이 식상하게 변한 셈이다.

돈—아람어로 '맘몬'—은 신이 될 수 있다. 그러나 돈을 선용할 수도 있다. 예수님은 여러 집에서 음식도 드시고 병도 고쳐 주셨는데, 그런 집의 주인들은 전 재산을 팔지 않았다. 그럴 필요도 없었고, 손님을 대접하려면 그래서도 안 되었다. 예수님은 마르다에게 집을 팔라고 하시기는커녕 오히려 거기서 대접을 받으신다. 그 집에서 마르다는 섬기고 예수님은 계속 가르치신다. 식량 없이 파송된 제자들을 영접한 이들도 전 재산을 팔지 않았다. 오히려 갚을 돈이 없는 제자들에게 숙식을 제공했다.

제자들이 매우 놀라 서로 말하되 "그런즉 누가 구원을 얻을 수 있는가" 하니 예수께서 그들을 보시며 이르시되 "사람으로는 할 수 없으되 하나님으로는 그렇지 아니하니 하나님으로서는 다 하실 수 있느니라"

제자들이 충격을 받을 일은 아니었다. 율법서에서 예언서와 지혜

예수의 어려운 말들

문학에 이르기까지, 그들의 전통은 시종일관 그들에게 부가 문제라고 가르쳐 왔다. 게다가 10장 28절에 곧바로 이어지는 베드로의 말처럼, 자신들도 이미 많든 적든 재산을 버렸다. "너희 가난한 자는 복이 있나니 하나님의 나라가 너희 것임이요"(눅 6:20)라는 예수님의 말씀도 이미 들었다. 마가가 독자에게 제자들이 놀랐다고 밝힌 것은 "이 사람들이 또 이러면 안 되지"나 "이보다는 나아야지"라는 암시일 수도 있다. 어쨌든 그들의 반응은 기껏해야 부정적인 의미였다.

하나님이 무엇이든 다 하실 수 있다는 예수님의 언급은 마가복음에 두 번 나온다. 우선 부자의 구원과 관련된 이 본문이고, 또 하나는 예수님의 겟세마네 기도다. "아빠 아버지여, 아버지께는 모든 것이 가능하오니 이 잔을 내게서 옮기시옵소서. 그러나 나의 원대로 마시옵고 아버지의 원대로 하옵소서"(14:36). 누가복음 1장 37절의 마리아의 찬가에도 비슷한 표현이 나온다. "대저 하나님의 모든 말씀은 능하지 못하심이 없느니라." 무엇이든 가능하다 해서 매사가 우리의 바람대로 되지는 않는다. 기도는 자동판매기가 아니다. 뭔가를 구하되 하나님과 거래해서 — "이것만 주시면 구제 헌금도 하고, 이웃도 사랑하고, 시기심도 버리고, 방도 치우고, 무엇이든 하기로 약속합니다" — 그 약속대로 받아 내는 것이 아니다. 기도가 자동판매기라면 하나님은 하나님이 아니다. 하나님은 무엇이든 자유자재로 그분의 뜻대로 되시고 행하시는 분이다.

누가 구원받고 누가 구원받지 않을지는 하나님이 정하신다. 이 문제는 나중에 요한복음 14장 6절, 예수께서 "나로 말미암지 않고는 아버지께로 올 자가 없느니라"라고 하신 말씀을 살펴볼 때 논할 것이다. 일단 여기 마가복음의 쟁점은 재물이 있는 사람이, 특히 부자가 구원받을 수 있느냐는 것이다. 최종 판결은 하나님의 몫이지만, 우리가 할 수 있는 일도 있으며 그것이 그 결정 과정에 도움이 된다. 요지는 우리의 노력으로 구원이나 하나님의 호의를 얻어 내는 것이 아니다. 분필로(요즘도 분필을 쓰는 사람이 있을까마는) 칠판에 착한 행실과 나쁜 행실을 나란히 계수하는 것이 아니다.

예수께서 말씀하셨듯이 우리가 심판받을 기준은 물려받은 지위가 아니라 각자의 행실이다. 최종 판단은 하나님이 내리실 것이고, 우리가 할 일은 하나님이 바라시는 대로 사는 것이다. 하나님을 사랑하고 이웃을 사랑하는 것과 더불어 십계명이 좋은 출발점이다. "내가 무엇을 하여야 영생을 얻으리이까." 제자가 될 뻔했던 사람의 이 질문에 사도 바울도 비슷한 답을 내놓았다. "하나님께서 각 사람에게 그 행한 대로 보응하시되 참고 선을 행하여 영광과 존귀와 썩지 아니함을 구하는 자에게는 영생으로 하시고"(롬 2:6-7).

마가복음 본문이 끝나면서 제자가 될 뻔했던 사람은 사라져 버린다. 그런데 나는 의문이 든다. 나중에 겟세마네 동산에 한 무명의 제자가 예수님과 함께 등장한다. 마가의 기록대로 "제자들이 다 예수를 버리고 도망"한 뒤에 "한 청년이 벗은 몸에 베 홑이불을 두르고 예수를 따라가다가 무리(병사들)에게 잡히매 베 홑이불을 버리고 벗은 몸으로 도망"한다(14:50-52). 이 사람이 누구이며 왜 거기에 있었는지를 두고 많은 추측이 있었다. 나는 그가 바로 이 질문자라고 생각하고 싶다. 있는 것을 다 팔아 이미 가난한 자들에게 준 그가 이 마지막 장면에서도 예수님 곁을 지키려다가 모든 것을 벗어 버린다. 그의 최종 운명을 우리는 상상해 볼 수 있다. 마찬가지로 우리 자신의 최종 운명도 상상해 볼 수 있다. 우리의 묘비명은 "모든 것을 가졌던 사람"이어야 할까? 그보다 나은 비문이 있지 않을까?

2

부모를 미워하지 아니하면

정체성에 대한 질문

"무릇 내게 오는 자가 자기 부모와 처자와 형제와 자매와 더욱이
자기 목숨까지 미워하지 아니하면 능히 내 제자가 되지 못하고
누구든지 자기 십자가를 지고 나를 따르지 않는 자도 능히 내
제자가 되지 못하리라."
— 누가복음 14:26-27

어린 시절 밤마다 잠자리에 들 때면 엄마는 으레 내게 이야기를
하나씩 읽어 주었다. 읽을 책은 내 책꽂이에서 내가 골랐다. 다 끝
나면 엄마는 나 혼자 읽도록 책을 주고 방을 나갔다. 나는 글을 읽
을 줄 몰랐던 때가 기억에 없고 철자대로 발음도 곧잘 했다. 하루
는 혼자 읽을 새 책이 『혹시 우리 엄마예요?』였다. 부모님의 친구
분들도 내가 책 읽기를 좋아하는 것을 다 알았으니 아마 선물 받
은 책이었을 것이다. 이 그림책에는 어미 새가 먹을 것을 구하러

예수의 어려운 말들

둥지를 떠난 사이에 알에서 깨어난 한 아기 새의 모험이 담겨 있다. 아기는 어미를 찾아다니며 개와 소에게 그리고 내 생각에 불도저한테도 "우리 엄마예요?"라고 묻는다.

나는 그 책이 무서웠다. 나도 엄마를 잃으면 어쩌지? 엄마가 나를 잃으면? 울면서 침대에서 나와 엄마한테 가던 그 밤이 60여 년이 지난 지금도 기억에 선하다.

제자들에게 자기 부모를 ― 심지어 목숨까지도 ― 미워해야 한다고 역설하신 예수님의 말씀을 들으면, 나는 복음을 몽땅 거부하고 싶은 생각부터 든다. 부모를 미워할 수는 없다. 목숨도 미워하지 않으리라. 나는 못한다. 말도 안 된다.

본래 성경은 가족의 가치를 중시한다. 앞 장에서 잠깐 살펴본 (유대교에서 십계명에 붙이는 번호에 따르면) 제5계명은 "네 부모를 공경하라"이다(출 20:12). 역으로 성경에는 부모가 자녀에게 헌신적으로 사랑을 베풀어야 한다는 가르침도 많다. "이스라엘아, 들으라. 우리 하나님 여호와는 오직 유일한 여호와이시니 너는 마음을 다하고 뜻을 다하고 힘을 다하여 네 하나님 여호와를 사랑하라"(신 6:4-5)라고 명한 신명기 6장에는 자녀도 누누이 언급된다. "너와 네 아들과 네 손자들"이 율법을 지켜야 하고(2절), 부모는 율법의 말씀을 자녀에게 들려줄 의무가 있다(7절). 자녀에 대한 관심은 자식을 간절히 원했던 많은 부모의 이야기에서도 볼 수 있다. 노년에 임신한 사라, 리브가와 이삭, 라헬, 한나, 세례 요한의 부모인 엘리사벳과 사가랴 등이 그렇다.

또한 성경은 생명을 중시한다. 생명은 얼마나 소중한가. 하나님은 "내가 오늘 하늘과 땅을 불러 너희에게 증거를 삼노라. 내가 생명과 사망과 복과 저주를 네 앞에 두었은즉 너와 네 자손이 살기 위하여 생명을 택하"라고 신신당부하신다(신 30:19). 생명 자체와 자신의 목숨을 미워하는 사람이 어떻게 남을 사랑하고 생명을 선택할 수 있겠는가? 미움이 아니라 사랑이 제자들의 표지라고 명시하신 예수님의 요한복음 13장 35절 말씀이 나로서는 훨씬 더 만족스럽다.

하지만 거기가 끝은 아니다.

이제 나는 아이가 아니다. 한두 번 읽어 불편하다 해서 말씀을 무시하는 것은 현명한 처사가 아니며, 그것을 알 만큼 나는 예수님을 존중한다. 여기에 뭔가 귀한 일이 벌어지고 있다. 그런데 예수님은—그분의 비유들에서 보다시피—씨를 뿌리신 뒤 위대한 선생답게 우리에게 그 씨가 자라는 것을 지켜보게 하시거나 우리 안에 그 씨가 자라나게 하신다. 이 말씀과 씨름하는 것은 정당한 일일까? 물론이다! 그렇다면 난감하기 짝이 없는 이 말씀을 어떻게 이해할 것인가? 계속 읽어 보자.

이 말씀을 유화하려는 시도

복음서를 쓸 때 십중팔구 마가복음을 원전으로 삼았을 마태는 가족을 미워하라는 이 구절이 불편했다. 그래서 마태복음 10장 37절에 좀 더 무난한 표현을 썼다. "아버지나 어머니를 나보다 더 사랑하는 자는 내게 합당하지 아니하고 아들이나 딸을 나보다 더 사랑하는 자도 내게 합당하지 아니하며." 마가가 순전히 양자택일로

예수의 어려운 말들

제시한 것을 마태는 정도 차이로 바꾸어 놓았다.

　하지만 마태의 버전에도 문제가 없는 것은 아니다. 예컨대 우리를 더 직접 돌보는 사람은 부모인데, 어떻게 부모보다 예수님을 —그분이 하나님이심을 믿는다면, 하나님을— 더 사랑할 것인가? 어머니는 열 달 동안 우리를 복중에 길러서 낳았고 십중팔구 젖도 먹였다. 우리에게 책을 읽어 주고 무서울 때 안아 주는 이도 부모다. 밤중에 하나님을 불러도 정작 머리맡을 지키는 사람은 엄마나 아빠다. 하나님을 사랑하는 법은 따로 배워야 하지만 건강한 아이는 저절로 부모를 사랑한다. 마태의 표현이 마가복음보다 유할지는 모르나 그래도 문제는 풀리지 않는다.

　물론 모든 사람이 나처럼 부모와의 관계가 좋았던 것은 아니다. 나는 외동이라서 다행히 애정을 얻으려고 다투는 심리 같은 것이 전혀 없었고, 부모의 나이가 비교적 많아서(어머니가 44세에 나를 낳았다) 재정적 안정에 대한 염려가 덜했던 것도 이점으로 작용했다. 부모의 사랑이 부족했거나 아예 없었다고 느껴지는 사람의 경우, 사랑의 하나님을 통해 그 빈자리가 채워질 수 있다. 그분만은 우리가 언제라도 의지할 수 있으니 말이다. 하지만 그것이 부모를 미워하거나 하다못해 덜 사랑하라고 명령하실 이유는 못 된다.

　번역자들도 독자를 보호하고자 누가복음에서 예수님에 대한 반감을 덜어 내려 했다. 기쁜소식역(GNT)에는 "내게 오는 사람이 아버지와 어머니, 아내와 자녀, 형제와 자매, 또한 자신보다도 나를 더 사랑하지 않으면 내 제자가 될 수 없다"라고 되어 있다. 마태처럼 '더 사랑하다'라는 구문을 썼는데, 앞서 보았듯이 누가복음의 문제는 이것으로 풀리지 않는다. 『메시지』역은 "누구든지 내게 오려는 사람은, 아버지와 어머니, 배우자와 자녀, 형제자매 그리고 자기 자신까지 내려놓지 않고서는 내 제자가 될 수 없다"라고 옮겼다. '내려놓는다'라는 표현이 애매하다. 무슨 의미로 내려놓는다는 것인가? 손이나 치마끈을 놓는가? 유산을 내려놓는가? 부모를 **반드시** 내려놓아야 하는 경우도 있다. (이 역본을 읽노라니 〈달콤한 백수와 사랑 만들기〉라는 영화가 생각났다. 부모의 집 지하실에 얹혀살던 매튜 맥커너히는 사라 제시카 파커의 회유로 드디어 성인이 된다.) 반대로 부모 쪽에서 자녀를 **반드시** 내려놓아야 할 때도 있다. '헬리콥터 부모' 밑에서는 자녀가 독립심이나 책임감을 기르기 어렵다.

누가의 가혹한 어법을 무마하려고 간혹 목사와 신부는 이 말씀을 완화해 줄 다른 본문들을 얼른 지적한다. 예컨대 누가복음 본문에는 예수께서 아내를 미워하라 하셨으나 에베소서 5장 25절과 28절에는 반대의 말씀이 나온다. "남편들아, 아내 사랑하기를 그리스도께서 교회를 사랑하시고 그 교회를 위하여 자신을 주심같이 하라.…… 남편들도 자기 아내 사랑하기를 자기 자신과 같이 할지니 자기 아내를 사랑하는 자는 자기를 사랑하는 것이라." 주제에서 벗어난 여담이지만, 아내들을 향해 남편에게 복종하라고 명하는 말씀도 같은 본문에 나온다. 하지만 "아내를 미워하라"에서 "아내를 사랑하라"로 곧장 넘어간다 해서 누가복음 14장 26절을 이해하려는 난제가 풀리지는 않는다. 외면하거나 다른 본문으로 내달려서는 도움이 안 된다. 누가복음의 예수님을 대면해야만 한다.

예수님의 가르침을 자꾸 덜 껄끄럽게 만들려고 해서는 안 된다. 그것은 복음을 깨닫는 길도 아니고 그분을 따르는 길은 더욱 아니다. 예수님은 제자의 삶이 쉽다고 말씀하신 적이 없으며 오히려 그 반대다. 하지만 제자의 삶에 그만한 가치가 있다고 제자들에게 확언하셨다. 제자가 할 일은 쉬운 길을 찾는 게 아니다. 산상 수훈에도 있듯이 "멸망으로 인도하는 문은 크고 그 길이 넓"다(마 7:13).

"자기 부모와 처자와 형제와 자매(를)……
미워하지 아니하면"

예수님의 이 말씀을 이해하려면 '미워하다'라는 단어의 쓰임새를 알아야 한다. 이 말에는 많은 의미가 함축되어 있다(물론 학자가 거론하는 단어의 정의에 반감이 들 수 있으나, 조금만 참아 보자). 브로콜리를 싫어하는 것은 스포츠 라이벌을 미워하는 것과 다르고, 라이벌을 미워하는 것은 다른 정당이나 민족이나 종교나 나라의 사람을 혐오하는 것과 다르다. 미움의 정도가 다 다르다. 이 본문에 '미워하다'로 번역된 단어(헬라어로 '미세오')가 누가복음에 여섯 번 더 쓰였는데, 다른 곳에 어떻게 쓰였는지를 보면 이 구절에서 어떤 의미인지를 더 잘 알 수 있다. 우선 실마리가 하나 있다. 이 난해만 구절만 빼고 나머지는 다 미움의 '대상'이 예수님이나 제자들이나 언약 공동체 사람들이다. 유독 누가복음 14장 26절에서만 예수님의 제자들이 미움의 '주체'다.

누가복음에 이 동사가 처음 나오는 곳은 사가랴가 하나님의 구원 사역을 찬송하는 1장 71절이다. 세례 요한의 아버지 사가랴는 이 구원 사역의 일부를 직접 경험했다. 천사 가브리엘이 그에게 나타나 폐경을 맞은 지 오래인 노년의 아내에게서 아들이 태어날 것을 예언했다. 그가 하나님의 능력을 의심하자 천사가 그를 쳐서 말을 하지 못하게 했었는데, 이제 그의 목소리가 다시 돌아왔다. 성령의 충만함을 받은 제사장 사가랴는(67절) 언약 공동체 이스라엘을 "우리 원수에게서와 우리를 미워하는 모든 자의 손에서" 구원하신 하나님을 찬송한다(71절). 이집트의 노예 생활에서부터 바벨론의 예루살렘 점령, 기원전 2세기에 유대교를 말살하려고 성전을 불태운 무도한 안티오쿠스 4세 에피파네스에 이르기까지 미움의 역사는 유구했다. 이때의 미움은 '덜 좋아한다'라는 뜻이 아니라 우리의 씨를 말려 버리려는 '원수'의 태도다. 사가랴의 말은 시편 저자가 "우리를 우리 원수들에게서 구원하시고 우리를 미워하는 자로 수치를 당하게 하"신 하나님을 찬송한 것(시 44:7)과 비슷하다. 이런 미움이 어떤 모습으로 나타나는지 우리도 안다. 죽음의 행군, 강제 수용소, 노동 교화소, 집단 학살, 핵폭발의 버섯구름, 건물로 돌진하는 비행기 등.

사가랴가 말한 미움의 과녁은 특정 민족이지만 동일한 미움이 더 범위를 좁혀 올 수 있다. 우리 중에 그것을 직접 경험한 사람도 있다. 사가랴의 찬송은 하나님께 "우리가 원수의 손에서 건지심을 받고…… 두려움이 없이 섬기게 하리라"(눅 1:74-75) 하신 그분의 약속을 상기시켜 드린다. 지금도 모든 사람이 두려움 없이 예배할 수 있는 것은 아니다. 심지어 '종교의 자유'가 보장된 미국

예수의 어려운 말들

에서도 그렇다. 교회와 회당과 모스크는 폭파범의 과녁이다. 근래에도 스리랑카의 교회들에 폭탄이 떨어졌고, 프랑스의 회당들이 습격당했으며, 뉴질랜드에서는 모스크들이 포위 공격을 받았다. 미움은 계속된다.

예수님이 누가복음 14장에서 주문하신 미움은 이런 게 아니다. 사가랴가 말한 미움은 우리를 대상으로 한 것이지 제자들 쪽에서 내보여야 할 미움이 아니다. 그래도 누가복음 1장의 '미워하다'라는 단어는 몇 가지 질문을 불러일으킨다. 예컨대 우리의 종교나 정체 때문에 우리를 미워하는 이들에게 우리는 어떻게 대응할 것인가?

산상 수훈에 예수님은 "너희 원수를 사랑하며 너희를 박해하는 자를 위하여 기도하라"라고 가르치신다(마 5:44). 바울도 잠언 25장 21-22절을 인용하여 "네 원수가 주리거든 먹이고 목마르거든 마시게 하라. 그리함으로 네가 숯불을 그 머리에 쌓아 놓으리라"라고 썼다(롬 12:20). 적의에 호의로 맞서는 것은 원수를 부끄럽게 하거나 원수에게 증오가 의도와는 반대의 결과를 냄을 깨닫게 하기 위해서다. 그러나 늘 뜻대로 되는 것은 아니다. 잔인한 행위에 친절로 대응해도 매번 보답이 돌아오기는커녕 어쩌면 그렇지 않을 때가 더 많다.

나는 고지식한 사람이 아니며 종교적 증오가 종식되리라고 보지도 않는다. 그러나 작은 몸짓을 취할 수는 있다고 본다.

또 하나 내가 배우는 게 있다. 설령 내 부모나 자녀를 미워하려고 생각한다 해도 어느새 나는 그들을 더욱더 사랑하고 있다. 그러니 예수께서 나를 사랑 쪽으로 되돌려 놓으시는 셈이다. 어쩌면 당연한 일이다.

누가가 그다음에 쓴 '미워하다'의 용례는 민족적이거나 종교적인 적의가 아니라 예수님을 따르기로 작정하는 사람에게 닥쳐오는 미움이다. 이번에도 제자들은 미움의 주체가 아니라 대상이다. 누가복음 버전의 팔복에서 예수님은 자기를 따르는 이들에게 "인자로 말미암아 사람들이 너희를 미워하며 멀리하고 욕하고 너희 이름을 악하다 하여 버릴 때에는 너희에게 복이 있도다"라고 말씀하신다(6:22, 참조 마 5:11). 이 요지를 누가는 21장 16-17절에도 되풀이한다. 예수께서 자기를 따르는 이들에게 "심지어 부모와 형제와 친척과 벗이 너희를 넘겨주어 너희 중의 몇을 죽이게 하겠고 또 너희가 내 이름으로 말미암아 모든 사람에게 미움을 받을 것"이라고 경고하시는 대목이다.

이때의 미움은 비열한 악담, 사회적 배척, 야밤의 장난 전화, 악의에 찬 SNS 게시물, 악성 댓글 등으로 시작된다. 누가의 정황―이교의 수호신들이 있는 이방 도시―에서 예수님을 주님으로 공언한 사람들은 집안과 국가 둘 다의 배신자로 비쳐졌을 것이다. 예수님의 말씀대로 이 배척은 우리가 날마다 신앙 때문에 치르는 대가다. 이런 미움은 사람의 진을 빼놓을 수 있다.

누가 주변의 일부 유대인 제자들은 가족에게 버림받은 심정이었다. 귀신을 쫓아내고 비유로 말하는 종말론적 떠돌이 몽상가를 따르는 그들을 가족들은 미련하게 여겼다. 부모는 자녀가 메시아에 현혹되어 이웃 이방인들의 지역 신 숭배를 막지나 않을지 우려했을 것이고, 자녀는 부모에게 예수님을 예배하지 않으면 전통을 저버리는 행위라고 말했을지도 모른다. 이방인 제자들은 아마

예수의 어려운 말들

더 큰 박해와 미움을 당하며 더 힘들게 지냈을 것이다. 다메섹과 안디옥과 에베소와 아테네 사람들은 저마다 자기네 신이 있었고, 그 신들이 자기네 도시를 보호해 준다고 믿었다. 집집마다 수호신이 있었고, 로마의 신들과 종종 신격화된 황제까지도 응분의 숭배를 요구했다. 지역 신을 거부하고 이스라엘의 하나님께로 개종하는 것은 가문과 도시와 황제에 대한 반역이나 마찬가지였다.

제국 차원의 기독교 탄압은 기원후 250년 데키우스 황제의 박해 때나 시작되었지만, 예수님을 따르는 이들을 향한 소규모의 산발적이면서도 폭력적인 박해는 예수 운동이 시작되던 때부터 거의 쭉 있었다. 바울도 갈라디아서 1장 13절에 자신이 "하나님의 교회"(즉 예수님을 따르는 유대인들)를 "심히 박해"했다고 회고했다. 아마도 이는 디아스포라 유대인이 이방인에게 이교 신 숭배를 중단해야 한다고 말하면 현지의 유대인 사회까지 위험해졌기 때문일 것이다.

기원후 64년에 화재가 발생하여 로마의 태반이 파괴되자 네로 황제(제국의 부실한 산물)는 로마의 그리스도인들을 희생양으로 삼았다. 인간을 횃불로 삼아 불태우거나 억지로 야수와 싸움을 붙이는 등 예수님을 따르는 이들을 색출하여 공개 처형한 것이다. 이 충실한 제자들은 죽음 아니면 배교라는 무서운 기로에 서야 했다. 아마 그들은 기원전 2세기 중엽 마카베우스 봉기 때 안티오쿠스 4세 에피파네스에게 죽임 당한 유대교 순교자들의 이야기에 감화를 받았을 것이다.

이런 미움을 감수하는 힘은 어디서 올까? 초기의 유대교 순교자들은 부활과 정의를 믿었다. 그들은 이스라엘의 하나님이 어떻게든 자신의 충절에 보상해 주실 것과 박해자들에게 책임을 물으실 것을 알았다. 마카베오2서 7장 10-11절에 보면, 7형제 중 셋째가 유대교 신앙을 버리지 않는다는 이유로 왕에게 고문당해 죽는 장면이 나온다. "그는 혀를 내밀라는 말을 듣자 곧 혀를 내밀 뿐 아니라 용감하게 손까지 [절단하도록] 내밀면서 엄숙하게 말하였다. '하느님께 받은 이 손발을 하느님의 율법을 위해서 내던진다. 그러므로 나는 이 손발을 하느님께로부터 다시 받으리라는 희망을 갖는다.'" 그와 그의 형제들의 고백은 유대교에서 부활에 대한 가장 이른 진술에 속한다.

이런 이야기를 물려받으신 예수님은 제자들의 신앙이 외부의 의혹과 모욕 앞에서도 무너지지 않을 수 있는 이유를 알려 주신다. 배신과 죽임에 대한 경고에 이어지는 누가복음 21장 18-19절에서, 그분은 제자들에게 "너희 머리털 하나도 상하지 아니하리라. 너희의 인내로 너희 영혼을 얻으리라"라고 말씀하신다. 이는 영혼만 불멸할 뿐 아니라 몸도 부활한다는 약속이다. 미움은 최종 승자가 아니다.

한쪽을 사랑하고 다른 한쪽을 미워한다는 이 개념에도 변이가 있다. 때로 사랑의 반대는 미움이 아니라 무관심이다. 인간관계에서는 그 방안이 더 나을 수도 있다. 치어리더에게 반했으나 거부당한 십대 아이의 경우, 미움보다 무관심이 더 나은 반응이다. 그러나 하나님과의 관계에서는 차라리 한때의 미움이 무관심보다 낫다. 미워하는 한 아무리 괴로워도 관계가 유지되지만, 관심을 거두면 관계가 완전히 끝나 버린다. 실제로 우리도 어느새 하나님을 미워할 수 있다. 사랑하는 사람을 죽게 두시고, 암의 고

예수의 어려운 말들

통을 허용하시고, 상황을 호전시키려 개입하지 않으시는 그분을 말이다. 하지만 이런 미움을 하나님께 그대로 아뢰면 관계가 지속될 소망이 있다. 이것은 한번쯤 생각해 봄직한 문제다.

누가복음 14장 26절의 미움

이제 문제의 구절인 누가복음 14장 26절로 다시 돌아온다. 여태 살펴본 미움의 쓰임새는 이렇다. 첫째로, (다른 복음서도 마찬가지지만) 누가복음에서 미움은 대개 '우리'를 향한 '그들'의 행위다. 둘째로, 미움은 겉으로 표출된다. 비열한 SNS 게시물, 업무 방해, 사무실 문에 칠해 놓은 나치 문양(실제로 그런 일이 적잖이 있었다), "우리 자리를 유대인에게 빼앗길 수 없다"라거나 "동성애자는 지옥에서 불탈 것이다"라는 피켓 문구 등이 그 예다. 셋째로, 미움은 박해와 죽임과 집단 학살을 촉발할 수 있다. 넷째로, 미움은 학습되고 대물림될 수 있다. 그러나 대대로 내려온 미움이 종식될 수도 있다. 작년의 원수가 올해의 동지로 변하기도 한다. 끝으로, 우리가 어떻게 행동하느냐에 따라 우리의 행동이 미움으로 비쳐질 수도 있다. 이기적으로 행동하여 돈을 주인으로 삼는다면 사람들 눈에는 우리가 하나님을 미워하는 자처럼 보일 것이다.

여기까지는 다 제자들이 미움의 대상인데, 문제의 본문에서는 제자들이 자기 가족을 미워해야 한다. 이 미움은 종류가 전혀 다르다. 어려서부터 학습된 미움도 아니고, 가족의 신앙이나 행동에 근거한 미움도 아니며, 무례한 말이나 배척 문화나 폭력 행위로 표출되지도 않는다.

인간은 한 집단을 미워하고 다른 집단을 사랑하도록 훈련될 수 있다. 민족 간의 대립, 인종 차별, 진영 논리 등의 오랜 역사가 그 증거다. 원수를 미워하기야 아주 쉽다. 일례로 사해 사본의 「공동체 규범」에도 공동체 식구는 "어둠의 세력을 미워해야" 한다고 되어 있다(1QS 1:10). 그러나 개인을 억지로 미워할 수는 없으며, 그 개인이 우리가 이미 사랑하는 사람이라면 특히 더하다. 아무런 감정도 없는 대상을 사랑하라는 명령에 순종할 수 없는 것만큼이나 우리는 사랑하는 사람—어머니, 배우자, 자녀—을 미워하라는 명령에도 순종할 수 없다. 미움이라는 감정은 마음대로 껐다 켰다 할 수 있는 것이 아니다. 사랑과 비슷하게 미움도 머리에서 결정되는 게 아니라 마음으로 느껴지는 것이다.

아무리 노력하고 애써도 나는 근대나 간을 음식으로 사랑할 수 없다. 매사추세츠주 출신인 나는 레드삭스 팀 팬이므로, 남편을 사랑함에도 불구하고 차마 뉴욕 양키스 팀을 사랑할 수 없다(일부 선수에게 마지못해 감탄하는 정도다). 하나님이 내일 내게 나타나셔서 "에이미질, 너는 네 부모와 남편과 자녀와 강아지를 미워해야 하느니라"라고 말씀하신다면, 나는 "그렇게는 못합니다"라고 답할 것이다. 그 밖에도 몇 가지 더 드릴 말씀이 있다.

원수를 사랑하는 것도 겉으로야 할 수 있지만 내 속에는 그런 사랑이 별로 없다. 처음에는 원수를 사랑하는 시늉만 해야 할지도 모른다. 그러다 나중에 마음속에 사랑의 감정이 생겨난다면 다행한 일이다.

이처럼 사랑이란 껐다 켰다 하는 게 아니므로 부모를 미워하

라는 예수님의 명령도 곧이곧대로 해석될 수 없다. 그래서도 **안 된**
다. 다른 곳에서 예수님은 제자들에게 부모 공경을 포함하여 율법
대로 살 것을 명하셨으니 말이다(예컨대, 누가복음 18장 20절을 참조
하라). 실제로 누가는 마리아와 요셉이 열두 살 난 아들을 잃어버
린 줄로 알고 기겁해서 찾다가 성전에서 다시 만났을 때 "예수께
서 함께 내려가사 나사렛에 이르러 순종하여 받드시더라"라고 썼
다(눅 2:51). 부모를 미워하는 것과는 거리가 멀다.

제자들에게 가족을 미워하라 하신 예수님의 말씀은 적들한
테 대우받은 것처럼 부모를 대하라는 뜻이 아니다. 유다 왕국이
바벨론에게 대우받은 것처럼, 또는 2세기 유대 지방의 유대인이
안티오쿠스 4세 에피파네스에게 대우받은 것처럼 자녀를 대하라
는 뜻도 아니다. 만일 그런 뜻이라면 베드로의 장모는 병을 고침
받지 못했을 테고, 예수님의 어머니와 동생들은 그분의 이름으로
모인 예루살렘 공동체에 끼지 못했을 것이다. 가족애는 천성이므
로 체득된 그대로 지속된다.

다만 하나님 나라의 소명이 얼마나 절대적인지를 알려 주시
려면, 그분은 미움과 거기에 함축된 모든 적나라한 부정적 의미를
활용하실 수밖에 없다. 예수께서 요구하시는 충절은 **그토록 단호**
한 일편단심이라서 이를 표현할 최선의 방법으로 부모와 형제자매
와 자녀를 미워한다는 반인륜과 역리의 개념에 호소하시는 것이
다.

예수님을 향한 이런 전폭적인 헌신이 외부인들에게는 정말
자기네를 향한 미움처럼 보였을 수 있다. 야고보와 요한이 아버지
세베대를 고깃배와 품꾼들 곁에 두고 떠났을 때 그 아버지의 심정

이 어땠을지 상상해 보라. "두 아들이 나를 미워하는구나. 배와 바다가 싫은 게로구나"라는 생각이 들지 않았을까?

시몬 베드로가 이렇게 발표했을 때 그의 아내는 어떤 생각이 들었을지 늘 궁금하다. "여보, 할 말이 있소. 마리아와 요셉의 아들이신 나사렛 예수께서 나더러 사람을 낚으라고 하시기에 가족이고 뭐고 다 버리고 그분을 따르겠다고 말씀드렸소"(참조 마 19:27, 막 10:28). 남편에게 미움 받는다는 생각이 들지 않았을까? 그렇지 않고서야 남편이 왜 떠나겠는가? 남편이 제정신이 아니어 보이지 않았을까? 자기가 만드는 도자기만으로 가족을 부양할 수 있을지 걱정되지 않았을까? "어차피 친정엄마는 사위를 좋아하지 않았는데, 잘됐네"라고 생각했을까? 자기도 온 식구를 데리고 따라 나섰을까? 아니면 자기를 버리는 남편이 미웠을까? 훗날의 교회 전승에 따르면 베드로의 아내와 딸도 예수님의 제자가 되었다고 한다. 그랬기를 바란다.

가족 간의 종교 차이는 고통스러울 수 있으나 미움으로 이어질 필요는 없고 그래서도 안 된다. 마음이 시키는 것을 억제할 수는 없는 법이며, 신앙은 주로 지성의 문제가 아니라 마음의 문제다.

자녀나 배우자나 부모가 집과 가족을 떠나 예수님을 따르면, 남아 있는 부모와 배우자와 자녀는 아마 미움 받는 심정이 될 것이다. 사실은 미움 받는 게 아니라 사랑받는 것이다. 인류를 사랑하시는 하나님의 그 사랑으로 말이다. 적어도 첫 제자들의 경우, 그들이 받은 사랑은 더도 말고 덜도 말고 하나님의 형상과 모양대로 지어진 그분의 모든 가족 즉 만백성이 받는 사랑과 똑같았다.

예수의 어려운 말들

"〔자기 아내를〕 미워하지 아니하면"

나는 복음서 저자 누가에게 약간 불만이 있다. 감리교 목사이자 신약학 교수인 내 좋은 친구 벤 위더링턴 3세와 함께 누가복음 주석을 집필할 때도,[1] 나는 누가가 여성 문제에 별로 진보적이지 않다는 입장을 보였다. 누가복음을 읽다 보면 여성들의 이야기가 많이 보이지만, 대부분의 경우 여자는 침묵하고 남자만 말한다. 예컨대, 성전에서 우리는 안나와 시므온을 둘 다 만나지만 시므온의 말만 들린다. 7장에는 바리새인 시몬과 향유를 붓는 여인이 나오지만, 역시 직접 발언하는 사람은 바리새인뿐이다. 세대주 마르다가 말을 하는데도 예수님은 자신의 발치에 말없이 앉은 마리아를 앞세우신다(눅 10:38-42). 벤은 누가에 대한 내 말에 동의하지 않고, 이 복음서 저자가 예수님의 이름으로 모인 여러 공동체에서 오히려 여성의 능동적 역할을 부각시킨다고 본다. 양쪽 입장 모두 일리가 있을 것이다.

14장 26절에 누가가 언급한 "처"(아내)를 어떻게 이해할 것인지는 그의 여성관을 어떻게 보느냐에 따라 달라진다. 마가복음 10장 29-30절(마태복음 19장 29절과 비교하라)에 예수님은 "나와 복음을 위하여 집이나 형제나 자매나 어머니나 아버지나 자식이나 전토를 버린 자는 현세에 있어 집과 형제와 자매와 어머니와 자식과 전토를 백배나 받되 박해를 겸하여 받고 내세에 영생을 받지 못할 자가 없느니라"라고 말씀하신다. 여기에 아내는 언급되지 않는다. 마태복음 10장 37절에 예수께서 "아버지나 어머니를 나보다 더 사랑하는 자는 내게 합당하지 아니하고 아들이나 딸을 나보다 더

사랑하는 자도 내게 합당하지 아니하며"라고 하신 말씀에도 아내
는 빠져 있다.

가정의 분열에 대한 가르침에서 유독 누가만 언급한 아내는
아마 그의 첨언일 것이다(마가복음과 마태복음을 원전으로 삼았다면
특히 더하다). 아내를 언급한 데는 몇 가지 의미가 암시되어 있는데
다 좋은 의미만은 아니다.

이번이 처음은 아니지만, 복음서 저자 누가에 대한 나의 불만
을 이제 말하려 한다. 내가 이해하기로 누가는 목사나 사역자다.
그래서 기존의 전통—그것이 구약이든 아니면 "목격자와 말씀의
일꾼 된 자들"(눅 1:2)에게 들은 예수님 이야기든—을 가져다가
자신의 후원자인 데오빌로를 비롯하여 예수님을 믿고 있거나 앞
으로 믿을지 모르는 다른 사람의 처지에 맞게 다듬는다. 이는 목
사와 사역자가 으레 하는 일이다. 그들은 해석하고 때로 살을 입
힌다. 예컨대 '형제들'로 직역되는 헬라어 단어 '아델포이'를 '형제
자매들'로 번역하여 약간 갱신하거나 수정한다.

누가가 기원후 90년경에 동방 디아스포라 지역의 에베소나
안디옥쯤에서 복음서를 쓰고 있다고 상상해 보자. 그는 예수님의
이름으로 모이는 이 운동의 3세대 일원이다. 원래의 목격자나 일
꾼(조력자. 헬라어로 '휘페레테스')은 아니기에 원전을(마가복음은 확
실하고 아마 마태복음도) 참조한다. 누가는 여러 신생 공동체의 여
성 직분자들을 알고 있다. 로마서 16장 1절에 바울이 언급한 겐그
레아 교회의 뵈뵈 집사(헬라어로 남성형 '디아코노스'가 쓰였다), 사
도 유니아(롬 16:7), 골로새 가정 교회의 책임자 눔바(골 4:15), 고린
도의 예언하는 여자들 등이다. 또 누가는 재정과 사고 면에서 독

예수의 어려운 말들

립되어 있던 젊은 과부들도 여러 교회에서 알았을 테고(참조 딤전 5:11,14), 일부 공동체의 여성 지도층도 알고 있다. 요한계시록 2장 20절에 요한이 이세벨로 칭한 여자도 그중 하나일 수 있는데, 그녀는 요한이 배격하던 더 자유주의적인 예배 방식을 지지했던 것 같다.

　'아내'를 떠난다는 누가의 말 속에는 남자만 제자라는 의미가 암시되어 있다. 그러나 사도행전 9장 36절에 누가는 "욥바에 다비다라 하는 **여제자**〔헬라어로 '제자'의 여성형이 쓰였고, 저자가 사용하는 NRSV에는 그냥 '제자'로 되어 있다―옮긴이〕가 있으니 그 이름을 번역하면 도르가라. 선행과 구제하는 일이 심히 많더니"(강조 추가)라고 밝혀 놓았다. 예수님처럼 누가도 그분을 따르는 사람을 새 가족의 일원으로 보았고, 이 가족을 결속하는 것은 혼인이나 출생 같은 법적 관계가 아니라 오직 예수님만을 향한 충절과 믿음이었다.

"자기 목숨까지 미워하지 아니하면"

"자기 부모와 처자와 형제와 자매"로 시작된 누가복음 14장 26절의 요구 조건은 "더욱이 자기 목숨까지 미워하지 아니하면 능히 내 제자가 되지 못하고"로 이어진다. 실제로 헬라어로는 '목숨'(생명)이 아니라 '프쉬케' 즉 자아나 심지어 '영혼'이다. 요지는 우리가 생명을 미워해서 죽어야 한다는 것이 아니라, 이전의 모든 정체감의 표지를 버리고 예수님께로 돌이켜야 한다는 것이다. 예수님을 따르는 사람은 더는 선주나 농부나 포도원 일꾼이나 도공이 아니라 일차적으로 **제자**다.

그러니 마가복음에 예수님이 세베대의 두 아들 야고보와 요한을 "보아너게 곧 우레의 아들"(막 3:17)로 개명해 주신 것도 놀랄 일은 아니다. 그분은 아버지를 바꾸심으로써 그들의 정체를 바꾸셨고, 새 이름을 주심으로써 친히 그들의 새로운 아버지가 되셨다. 그래서 요나의 아들 시몬도 '반석'이라는 단어에서 파생된 베드로로 알려지게 된다. 또 요한복음에서 예수님이 '거듭남' 또는 '위에서 남'(헬라어로 '아노텐')을 말씀하신 것도 놀랄 일은 아닌데, 니고데모는 이 말을 "두 번째" 난다는 뜻으로 잘못 알아들었다(참조 요 3:3, 7, 벧전 1:23). 사람이 '위에서 나거나 거듭나면' 어머니의 태와 아버지의 씨는 상징적으로 새로운 부모와 새로운 충절 대상으로 대체된다. 새로 태어난다는 것은 새 가족의 식구가 된다는 뜻이며, 이 가족을 이루는 것은 혈연이나 서약이 아니라 충절이다.

어떤 종교 전통에서는 개종이나 신앙고백으로 공동체에 헌신하는 교인에게 이름을 새로 지어 준다. 천주교 신자인 내 친구들도 다수가 견진성사 때 새 이름을 받았는데, 내 기억에 데레사가 많았다(내게 늘 사랑스럽게 느껴지는 이름이다). 유대교로 개종할 때도 히브리식 이름을 정하는데, 아브라함과 사라라는 새로운 조상까지 받는다. 그래서 개인과 그의 부모가 이름을 받는 전통 유대교의 정황에서, 개종자는 예컨대 '우리 아버지 아브라함의 아들 다윗'(다윗 벤 아브라함 아비누)이 되고('아브'는 아버지를 뜻하는 '아빠'와 어원이 같고, '이누'는 일인칭 복수 접미사다), 여자는 '우리 어머니 사라의 딸 룻'(룻 바트 사라 이메누)이 된다. 믿음과 실천을 공유하

예수의 어려운 말들

는 공동체 내에서 우리는 소속 종교나 신앙고백을 통해 이전의 나에서 장차 달라질 나로 바뀐다.

제자에게 형성되는 새로운 정체성의 구심점은 출신 집안이나 자아(에고. 좋은 헬라어 단어인데, 지그문트 프로이트 때문에 개인적 성취감과 뚜렷한 개성이라는 어감이 생겨났다)가 아니라 예수님이다. 제자는 예수님으로 충만해지고 예수님의 인도하심을 받는다. 누가복음 14장 26절의 자기 목숨을 미워하라는 말씀은 "아무든지 나를 따라오려거든 자기를 부인하고"(9:23상)라는 예수님의 말씀을 다르게 표현한 것이고, "무릇 자기 목숨을 보전하고자 하는 자는 잃을 것이요 잃는 자는 살리리라"(17:33, 참조 요 12:25) 하신 말씀을 미리 내다본 것이다.

자기를 미워한다는 말은 자신의 몸을 미워하거나 우리에게 기쁨을 주는 많은 것을 미워한다는 뜻이 **아니다**. 그런 뜻이라면 그것은 유대교의 관점이 아니라 이교 철학이다. 기원후 2세기의 그리스 문서 「포이만드레스」(4:6, '사람의 목자'라는 뜻)에 이런 말이 나온다. "아이야, 먼저 네 몸[헬라어로 '소마']을 미워하지 않고서는 너 자신을 사랑할 수 없느니라." 반면에 유대교 전통은 대체로 몸을 부정하지 않는다. 오히려 시편 139편 13-14절에는 "내 내장을 지으시며 나의 모태에서 나를 만드"신 하나님께 대한 감사가 표현되어 있다. 이 시의 저자는 "내가 주께 감사하옴은 나를 지으심이 심히 기묘하심이라"라고 외친다. 모든 몸은 나이나 무게나 흉터나 주름과 무관하게 아름답다. 몸과 생명 자체가 소중한 것이기에 예수님의 명령은 비로소 설득력을 얻는다. **그렇게까지 더 중요한 것**이 도대체 무엇 또는 누구기에, 그 목표나 그분께 우리 삶을 바치는 것이 마치 우리의 가장 귀한 목숨까지도 미워하는 것처럼 보인 단 말인가?

이 진술에 접근하는 또 다른 방식은 이렇게 묻는 것이다. "무 엇을 위해 내 목숨까지라도 버리겠는가?" 내 대답은 처음에는 쉽다. 자녀와 남편이다. 그러다 답이 애매해진다. 예수님은 "극히 값진 진주"의 비유를 말씀하신 적이 있다. 이 비유가 들이미는 질문이 있다. "내 삶에서 가장 중요한 것은 무엇인가? 내가 다른 무엇보다도 소유해야 하는 것이나 해야만 하는 일은 무엇인가?" 어떤 사람들은 돈(맘몬), 미모, 명예, 권력, 마약 같은 우상의 제단에 모든 것을 희생한다. 그래서 죽도록 일하거나, 악착같이 긁거나, 친구와 가족까지 외면하거나, 자기 몸을 파멸로 몰아간다.

이렇게 자문해 볼 수도 있다. "나의 신앙고백은 얼마나 중요한가? 목숨이나 하다못해 사회적 지위라도 보전하기 위해서라면 신앙을 버리겠는가?" 아프가니스탄, 사우디아라비아, 요르단, 시리아 등 23개국에서는 배교 — (대개 다른 종교로 바꾸려고) 자신의 종교를 버리는 행위 — 가 사형에 해당하는 범죄로 규정되어 있다. 진리를 위해 가족의 배척과 사회의 비난과 국가의 처형을 감수하는 사람들의 용기는 놀랍기 그지없다.

인간은 자신을 보호하려는 의식이 있으며 예수님도 이 본능을 논박하지 않으신다. 그분은 자신을 따르는 이들이 죽기를 바라지 않으신다. 복음에 온전히 헌신함으로써 확실히 의미 있는 삶이 되기를 바라실 뿐이다. 이 헌신이 바로 "내 원대로 마시옵고 아버지의 원대로 되기를 원하나이다"(눅 22:42)라는 고백의 의미다. "…… 하느니 차라리 죽겠다"라고 기꺼이 선택할 때 우리는 자신이 누구인지를 알게 된다.

"능히 내 제자가 되지 못하고"

누가복음 14장 본문은 예수께서 무리에게 하신 말씀이다. 결국 제자가 될 사람은 그들 모두가 아니라 아마 극소수일 것이다. 선뜻 부모를 미워하거나 자기 목숨을 잃거나 십자가를 지려는 사람은 거의 없다. 베드로와 안드레와 야고보와 요한이 헌신한 것처럼 진정한 의미의 제자가 되려는 사람은 그때나 지금이나 드물다.

제자도의 의미는 세례나 그에 따른 교인 등록으로 격하되었다. 하지만 그런 것은 제자도의 시작이요 첫걸음에 불과하다. 예수께서 제자들에게 어린아이처럼 되어야 한다고 말씀하셨다 해서(눅 18:16-17, 마 19:13-14, 막 10:14-15) 그들이 유치해지기를 바라신 것은 아니다. 아이들은 경이로움을 느낄 줄 알고, 기꺼이 남에게 의존하며, 좋은 의미에서 부끄러움을 모른다. 이 모두가 제자에게 매우 유익한 특성이다. 그러나 제자는 또한 복음을 선포하고, 병자를 고치고, 귀신을 쫓아내고, 복음을 위해 모든 위험을 감수해야 한다.

제자가 된다는 것은 그저 교사의 학생이나 학급의 일원이 되어 이런저런 교과서를 공부하는 것 이상이다. 여기서 우리는 가족을 미워한다는 개념의 한 변이와 조우한다. 옛날에는 제자가 되려면 스승이나 랍비를 아버지처럼 대해야 했다. 이 개념의 잔재를 독일어의 '독터파터'(Doktorvater)라는 표현에서 볼 수 있는데, 이는 '닥터 아버지'라는 뜻으로 박사 학위 논문의 지도 교수를 가리키는 말이다(교수가 여성일 때는 '독터무터'(Doktormutter)가 된다). 제자가 되려면 부모를 대신하여 충실하게 영향력을 행사해 줄 선생부터 찾기로 작정해야 한다.

부모는 자녀가 둥지를 떠나 소명의 길을 가게 해 주어야 한다. 이것은 어려운 일이며, 특히 자녀가 선택하는 분야가 부모의 생각과 다를 때는 더하다. 그러나 좋은 선생과 보람된 전공을 만난다면, 자녀는 결국 더 잘 자기다워질 수 있다.

고백하자면 나도 (훌륭한!) 학생들의 학위 논문을 지도하면서 부모의 심정을 느낀다. 한편으로 그들이 뭔가를 성취하면—논문이 간행되고, 학술 대회나 교회 모임에서 최근의 연구를 발표하고, 자신이 믿는 바를 위해 목소리를 내는 등—그때마다 나는 자랑스러워 어쩔 줄을 모른다. 그러나 반대로 그들이 잘 알지도 못하는 말이나 부적절한 말을 하면 많은 부모가 그러하듯 나도 부끄러워진다.

이렇게 선생이 학생에게 **부모 역할을 대신한다**는 점과 더불어, 그때나 지금이나 제자의 본분이 무엇인지도 생각해야 한다. 제자는 앵무새가 되어서는 안 된다. 제자는 지성을 구사하여 독립적으로 사고하는 사람이지 무조건 따라하는 사람이 아니다. 제자들은 선생에게 배운 것을 바탕으로 자신도 선생이 되어야 했다. 다만 들은 대로 되풀이해서는 안 되었다. 계속 질문하면서 토의를 발전시켜야 했고, 자신의 학생들에게도 토의를 더 발전시키게 해 주어야 했다.

누가복음 14장 26절에서 예수님은 제자를 "내게 오는 자"

예수의 어려운 말들

라 칭하신 뒤, 그다음 구절에 "누구든지 자기 십자가를 지고 나를 따르지 않는 자도 능히 내 제자가 되지 못하리라"라고 말씀하신다. 제자가 되려는 사람은 우선 예수님께 와야 한다. 그래야 그분의 뒤를 따라다니며 제자로 수련될 수 있다. 제자들은 일단 그분께 왔다. 예수님께 온다는 말은 이전의 자신을, 그리고 그 삶의 모든 것—소, 배, 가족—과 사람들을 뒤로한다는 뜻이다. 예수님을 따른다는 말은 새로운 정체 쪽으로 나아간다는 뜻이다. 이 정체를 규정짓는 것은 혈연이 아니라 신앙이고, 이전의 내가 아니라 장차 변화될 자신이다.

"누구든지 자기 십자가를 지고 나를 따르지 않는 자도……"

예수님은 가족과 목숨을 미워하라는 명령에 십자가를 지라는 명령을 한데 묶으신다. 이 말씀은 마태복음과 마가복음에도 나오는데, 누가는 거기에 "날마다"라는 말을 덧붙인다. 누가에게 십자가를 진다는 것은 일회적 사건이 아니라 생활 양식이다. 그래서 그는 그 단어를 다른 곳에도 썼다. 예수님은 예루살렘을 향해 떠나실 때 이미 제자들에게 이렇게 말씀하셨다. "아무든지 나를 따라오려거든 자기를 부인하고 날마다 제 십자가를 지고 나를 따를 것이니라"(9:23).

제자도의 본질은 단번의 행동이나 심지어 일요일의 꾸준한 교회 출석으로 제한될 수 없다. 예수님의 뒤를 따르는 사람은 그

새로운 길에 완전히 헌신해야 한다. 그분의 표현을 쓰자면, 좁은 문으로 들어가야 한다. 제자도란 복음에 전적으로 헌신한다는 뜻이다.

재차 말하지만, 아무도 이 길이 쉽다 하지 않았다. 쉽다면 뭔가 잘못되었을 수 있다. '십자가를 진다'라는 표현은 고난의 삶을 가리킨다. 그렇다고 예수님이 우리에게 일부러 고통을 찾아다녀야 한다고 말씀하신 것은 아니다. 다만 처음부터 그분은 우리가 고난에 눈떠야 함을 밝히셨다. 우리 중에 삶이 편한 이들도 있겠지만, 삶에 꼭 필요한 것—양식, 거처, 의료 혜택, 밤중에 다독여 줄 사람 등—이 없는 이들도 있다. 풍성하게 살려면 자원이 필요하다. 날마다 십자가를 지는 첫 징후는 내게 있는 것과 남에게 없는 것 사이의 간극을 인식하는 것이다.

이 처음의 고통이 자극제가 된다. 고통이 고마운 것이라는 의료계의 격언을 떠올려도 좋다. 통증은 뭔가 이상이 생겼으니 고쳐야 함을 알려 준다. 그래서 처음에 낌새가 느껴질 때 조치를 취해야 한다. 십자가를 진다는 것은 고난을 더 감수하고라도 행동에 나선다는 뜻이다. 지역 사회에 자원을 공급하는 문제로 선한 싸움을 싸워 보라. 복지보다 지갑을 더 중시하는 사람들에게 배척당할 수 있다. 그 뒷일은 다들 아는 대로다. 소신을 펼치다가 사회적 불이익을 당한 사람들이 우리 중에도 많이 있다.

예수님은 워낙 선한 선생이신지라 제자들에게 그들이 따를 길이 쉽지 않을 것을 일러 주신다. 그분은 그들을 얼렁뚱땅 속이지 않으신다. 이미 제자들에게 사실상 "무엇을 위해 너희 목숨까지도 버리겠느냐"라고 물으셨고 이제는 그들이 정말 죽어야 할 수

예수의 어려운 말들

도 있다고 말씀하신다. 누가복음은 아직 14장까지밖에 오지 않았고 그분이 예루살렘에 도착하시려면 다섯 장을 더 지나야 한다. 제자들은 누차 경고를 받았지만, 예수님의 주문을 그들이 십분 이해했을지는 의문이다. 십자가 부분만 무시했을 수도 있다. 그들이 생각한 새로운 길은 귀신을 쫓아내고 죽은 자를 살리는 모험이었을까? 그런 부분도 있다. 그들은 자신들도 제자를 삼을 수 있다고 생각했을까? 그것도 과정의 일부다. 그러나 그들은 예수님의 명령을 충분히 깨달았을까? 그렇지는 못했다.

헌신에는 기쁨만 아니라 고통도 따르는데, 우리는 그것을 충분히 인식하지 못할 때가 많다. 박사 학위를 받거나 의사가 되거나 군대에 지원해야겠다고 생각하는 사람은 그 과정에 요구되는 고생을 머릿속으로 알 수는 있다. 그러나 아무리 기쁘게 선택한 분야라도 자신의 헌신에 깊은 정서적 고통과 정신적 탈진과 의심도 수반된다는 사실은 시험 기간에나 트라우마 병동에서나 전투 중에만 십분 절감할 수 있다. 그래도 우리는 인내한다.

다시 가정에 대한 논의로 돌아가 보면, 거기에도 고통과 기쁨은 늘 공존한다. 사랑하는 사람이 세상을 떠나면, 아무리 부활에 대한 우리의 소망(전통적 유대교와 전통적 기독교의 공통된 관점)이 확고해도 마음이 아프다. 자녀가 유치원으로든 대학으로든 집을 떠나면 부모는 걱정된다. 관계가 깨지면 고통이 따른다. 고난은 삶의 일부다.

날마다 십자가를 지는 것은 고난이지만 거기에는 그만한 목적이 있다. 바로 하나님 나라를 위해서 우리는 불명예("**누구를** 예배한다고?")와 사회적 배척("**그 사람들과** 한패라고?")과 죽음까지도 감수하는 것이다. 자신이나 재물보다 공동체를 신뢰하는 것이다. 이렇게 제자의 충절 대상이 바뀌는 것은 역설적인 필연이다. 앞서 보았듯이, 예수님은 누가복음 17장 33절에 "무릇 자기 목숨을 보전하고자 하는 자는 잃을 것이요 잃는 자는 살리리라"라고 말씀하셨다. 요한복음 12장 25절도 표현만 달랐지 요지는 똑같다. "자기의 생명을 사랑하는 자는 잃어버릴 것이요 이 세상에서 자기의 생명을 미워하는 자는 영생하도록 보전하리라." 어차피 목숨에 매달릴 수는 없다. 우리 몸은 죽게 되어 있다. 그러나 우리는 신앙을 붙들 수 있고 자신이 세상에 존재하는 이유를 붙들 수 있다. 우리의 목적의식이 닻이 되어 준다.

예수님은 제자들에게 이렇게 약속하신다. "내가 진실로 너희에게 이르노니 하나님의 나라를 위하여 집이나 아내나 형제나 부모나 자녀를 버린 자는 현세에 여러 배를 받고 내세에 영생을 받지 못할 자가 없느니라"(눅 18:29-30).

예수의 어려운 말들

3

―

모든 사람의 종이 되어야 하리라

종의 은유는 적절한가

"너희 중에 누구든지 으뜸이 되고자 하는 자는 모든 사람의 종이
되어야 하리라."

― 마가복음 10:44

인류의 노예 역사에 대한 점증하는 지식과 아직도 무수한 사람에
게 계속되고 있는 노예 제도의 여파―정신적 유산의 상실, 이산
가족, 교육의 박탈, 빈곤, 편견 등―를 생각할 때, 우리가 모든 사
람의 종(노예)이 되어야 한다는 예수님의 말씀은 많은 이들에게
불협화음이나 적어도 둔감한 말로 들린다.

　　내게도 불협화음으로 들린다. 유대인에게 출애굽 사건은 속
박과 소외에서 자유와 자치로 넘어온 결정적 전기였다. 전통적 유
대인들은 '새벽의 축복'이라는 뜻의 '비르코트 하샤하르'를 암송
하는데, 오늘날 그 짤막한 15가지 축복에는 "세상의 왕이시여, 저

를 자유로운 인간으로 창조하신 우리 주 하나님을 찬양하나이다"
가 들어 있다. 동유럽 전통의 유대인들이 암송하는 유월절 이야기
인 '하가다'('말하기' 또는 '내러티브'라는 뜻)에는 이런 소절이 나온
다. "모든 세대마다 우리는 자신을 마치 이집트에서 직접 나온 사
람처럼 볼 의무가 있다." 세파르디(이베리아 반도) 전통의 히브리인
들은 "이집트에서 나온 것이 우리의 정체여야" 한다고 고백한다.
과거의 속박을 기억하지 않고는 자유를 즐거워할 수 없고, 아직
노예가 남아 있는 한 우리의 자유를 마음껏 경축할 수 없다.

그래서 나는 제자들에게 종(노예)처럼 행동하라 하신 예수님
의 가르침이나 자신을 따르는 이들을 종에 견주신 그분의 비유를
들으면 반감이 든다. 반감의 대상은 그분만이 아니라 성경 전통
전체다. 노예 제도가 불의하여 창조세계에 걸맞지 않다는 인식이
보이지 않기 때문이다. 오랜 세월 성경의 독자들은 "네 이웃을 네
자신과 같이 사랑하라"와 "남에게 대접을 받고자 하는 대로 너희
도 남을 대접하라"라는 명령을 어떻게든 노예 제도와 양립시켜 보
려 애썼다. 이웃을 사랑하려면 그의 인간성 즉 그가 하나님의 형
상과 모양대로 지어졌음을 인식해야 한다(창 1:26상). 인간이 신들
의 노예로 창조되었다고 본 고대 근동의 주변국들과 달리, 이스라
엘의 관점에서는 인간이란 지배당하기 위해서가 아니라 다스리도
록 창조된 존재였다(창 1:26하). 타인을 재산처럼 대한다면 그 인
간성 내지 그 형상을 볼 수 없다.

"무엇이든지 남에게 대접을 받고자 하는 대로 너희도 남을 대
접하라. 이것이 율법이요 선지자니라"(마 7:12). 이 황금률이 지켜
졌다면 노예 제도는 당연히 사라졌어야 한다. 자원해서 남의 노예

가 된다는 개념은 옛날에도 이상해 보였을 것이다. 기껏해야 그것은 자신을 노예로 팔아 그 돈으로 사랑하는 사람을 대속하기 위한 궁여지책이었다(이 개념은 잠시 후에 살펴볼 것이다).

로마 제국 인구의 절반 이상이 필시 노예나 노예의 후손이었을 텐데도—예컨대, 유대인인 바울의 가족도 다소에서 한때 노예였다고 생각해 볼 수 있다(그러면 바울의 말의 뉘앙스가 달라진다)—그 경험이 그들에게 그러므로 노예를 소유해서는 안 된다는 생각으로 이어지지는 않았다. 이집트에서 노예로 살았던 이스라엘의 경험을 토대로 "너희는 나그네를 사랑하라. 전에 너희도 애굽 땅에서 나그네 되었음이니라"(신 10:19)라는 명령이 반복되지만, 그것이 "너희는 노예를 해방하라. 전에 너희도 애굽 땅에서 노예 되었음이니라"에까지 가지는 못했다.

고대 이스라엘은 꽤 진보를 이루기는 했다. 율법은 안식일 준수를 노예 제도의 기억과 연관시킨다. "너는 기억하라. 네가 애굽 땅에서 종이 되었더니 네 하나님 여호와가 강한 손과 편 팔로 거기서 너를 인도하여 내었나니 그러므로 네 하나님 여호와가 네게 명령하여 안식일을 지키라 하느니라"(신 5:15). 이 날만은 노예도 일을 쉬었다. 나아가 율법의 진보는 노예 관련 법규의 개정으로 나타나는데, 아예 이 제도가 없어졌다는 인상마저 풍긴다. 출애굽기 21장 2-6절에 보면 이스라엘인은 동족을 6년까지만 노예로 둘 수 있고 안식년에는 해방해야 했다. 신명기 15장 13-14절에는 이렇게 주인이 노예를 해방할 때 "빈손으로 가게 하지 말고 네 양 무리 중에서와 타작마당에서와 포도주 틀에서 그에게 후히 줄지니"라고 덧붙여 놓았다. 그런데 레위기 25장 39-40절에는 "너와 함께 있는 네 형제가 가난하게 되어 네게 몸이 팔리거든 너는 그를 종으로 부리지 말고 품꾼이나 동거인과 같이 함께 있게 하여 희년까지 너를 섬기게 하라"라고 되어 있다. 품꾼은 노예가 아니므로 적어도 동료 이스라엘인을 상대로는 노예 제도가 폐지된 듯 보인다. 이 전통이 이방인 교회들로도 전수되었다면 참 좋았을 것이다.

바울이 "너희는 유대인이나 헬라인이나 종이나 자유인이나 남자나 여자나 다 그리스도 예수 안에서 하나이니라"라고 선포했지만(갈 3:28), 바울 서신에 명한 대로 종은 주인에게 순종해야 했다(예컨대 엡 6:5-8, 골 3:22, 딛 2:9). 베드로전서 2장 18절에도 같은 말씀이 있다. 기독교와 노예 제도는 로마 제국을 나란히 함께 다녔다.

하지만 거기가 끝은 아니다. 현재의 도덕 관념으로 과거를 판단하는 데는 한계가 있다. 예컨대 성경은 여성의 역할과 관련해서도 충분히 진보적이지 못하다. 그래도 성경은 내가 사랑하는 문서이며, 그 사랑에는 껄끄러운 본문들과 씨름하는 일도 포함된다. 그것이 충실한 독자의 본분이다. 성경은 제대로 질문하도록 돕는 책인데, 노예 제도에 대한 예수님의 말씀을 오늘날 우리가 어떻게 이해할 것인지도 그런 질문에 속한다.

비교적 최근에 와서야 일부 성경 주석가들이 그런 말씀에 문제를 제기했다. 예수님과 바울이 노예 제도를 용인했으니 선량한 그리스인들도 그래야 한다는 남북전쟁 이전의 학문적 주장을 제외한다면, 사실 학자들이 복음서 속의 종들이나 예수님이 쓰신 종이라는 말이나 전반적인 노예 어법에 처음 주목한 것은 최근에 불과하다. 솔직히 오늘날 우리도 그런 노예의 은유에 기겁하기는커

예수의 어려운 말들

녕 '패션의 노예', '노예처럼 일한다', 심지어 '노예로 팔렸다' 등의 표현을 아무렇지도 않게 쓴다.

심지어 대다수 주석가들도 문제의 이 구절일랑 얼른 지나가고 그다음 구절인 마가복음 10장 45절로 예수님의 말뜻을 설명하려 한다. "인자가 온 것은 섬김을 받으려 함이 아니라 도리어 섬기려 하고 자기 목숨을 많은 사람의 대속물로 주려 함이니라." 드디어 여기서 연관성이 보인다. "대속물"을 누구에게(하나님께? 사탄에게?) 주는가라는 의문은 남지만, 본래의 청중에게는 모든 사람의 종이 되라는 44절의 명령과 45절의 대속물이 하나로 연결되어 들렸을 것이다. 노예 제도와 대속물이라는 두 개념이 오늘날에는 은유로만 들리지만 예전의 그들에게는 지극히 현실이었다. 사람이 포로로 잡혀서 노예 시장에서 팔렸으므로, 형편이 되는 가족과 친구가 대속물을 주고 그들을 도로 사 왔다.

노예 관련 진술에 주목하는 사람들은 대개 그것을 유화하려 한다. 신약이 노예 제도 문제에서 진보적이라는 말을 나는 많은 학생과 친구에게서 지금도 듣는다. 갈라디아서 3장 28절이 자주 인용된다. 하지만 간과해서는 안 될 사실이 있는데, 바울은 이 명제를 세례에 적용했을 뿐 사회관계로 발전시키지는 않았다. 예수님이 종을 언급하심으로써 종들을 인정해 주셨다는 말도 들린다. 거기까지는 맞는 말이지만 그분도 노예 해방을 주창하지는 않으셨다. 물론 그분의 여러 비유에서 종들도 자유 의지와 지성이 있음이 암시되어 있지만, 그거야 고대의 상식에 속했다.

모든 사람의 종이 되라는 명령이 사실은 겸손을 명한 것이라는 말도 간혹 들린다. 그렇다면 많은 사람과 특히 지도자에게 요긴한 명령일 텐데, 문제는 고대의 노예가 '겸손'의 대명사가 아니었다는 것이다. 노예의 전형은 다양해서 주인을 위해 목숨이라도 바칠 만큼 충직한 사람이 있는가 하면, 게으른 술꾼에다 기회만 있다면 주인을 칼로 찌를 만큼 간교하고 불성실한 부류도 있었다.

예수님의 본의는 종이 아니라 '섬기는 자'였다고 말하는 이들도 있다. 예컨대 마가복음 9장 35절에서 그분은 열두 제자에게 "누구든지 첫째가 되고자 하면 뭇사람의 끝이 되며 뭇사람을 섬기는 자가 되어야 하리라"라고 말씀하신다. "섬기는 자"로 번역된 단어 '디아코노스'는 '집사'의 어원이기도 하다. 예수께서 광야에서 시험받으신 후 그분을 시중든 천사들의 행동에 그 단어의 동사형이 쓰였고, 베드로의 장모가 그분께 "수종들" 때도 마찬가지다. 문제의 구절 바로 앞의 마가복음 10장 43절에서도 예수님은 "너희 중에 누구든지 크고자 하는 자는 너희를 섬기는 자(역시 '디아코노스'가 쓰였다)가 되고"라고 말씀하신다. 그러니 어쩌면 그다음 구절에서도 그분은 '종'을 의도하신 게 아니라 그냥 과장법을 쓰셨는지도 모른다. 하지만 내 생각은 다르다. 내가 보기에 그분은 우리 자신보다 공동체의 사정을 앞세운다는 의미에서 정확히 '종'을 의도하셨다. 게다가 그분이 의도하신 '종'에는 십자가형으로 죽을 가능성까지도 암시되어 있는 것 같다. 종의 신분일수록 그 방식으로 죽은 사람이 많기 때문이다.

끝으로 예수님이 종을 의도하신 방식은 가족을 '미워해야' 한다고 말씀하시던 때와 똑같다. 그때 그분의 취지는 여태 아끼며 매달리던 이 세상의 삶에서 값을 따질 수 없는 천국의 삶으로 옮겨 가라는 것이었다. 사람들은 부모를 미워하라는 말씀과 있는 것

　　　　　　　　　　　　　예수의 어려운 말들

을 다 팔아 가난한 자들에게 주라는 말씀에 기겁했듯이, 자유를 버린다는 생각에도 기겁했을 것이다. 그래서 그분은 우리의 주목을 끄신다.

예수님은 노예 해방을 말씀하실 수도 있었다. 그분의 유대교 전통에 이미 그 개념이 들어 있으니 말이다. 앞서 보았듯이, 율법에 그런 진보가 나타나 있다. 누가복음 4장 18절에 보면, 그분은 회당에서 이사야 61장을 인용하여 설교하실 때 그 근처에까지 가셨다.

주의 성령이 내게 임하셨으니
  이는 가난한 자에게 복음을 전하게 하시려고
    내게 기름을 부으시고
나를 보내사 포로 된 자에게 자유를,
  눈먼 자에게 다시 보게 함을 전파하며
    눌린 자를 자유롭게 하고.

포로는 대개 노예로 팔리거나 대속되었고, 눌린 자라면 종을 빼놓을 수 없을 것이다. 예수께서 더 명확히 부연하셨다면 얼마나 좋을까.

그분은 레위기 25장 10절을 더 들추어 보실 수도 있었다. "너희는 오십 년째 해를 거룩하게 하여 그 땅에 있는 모든 주민을 위하여 자유를 공포하라. 이 해는 너희에게 희년이니 너희는 각각 자기의 소유지로 돌아가며 각각 자기의 가족에게로 돌아갈지며." 여담이지만 필라델피아의 국립독립역사공원에 있는 자유의 종에

이 구절의 일부가 새겨져 있다. 이 종이 설치되던 1751년 당시에는 그 문구를 **노예의** 자유라는 뜻으로 인용한 게 아닌데, 훗날 노예 폐지론자들이 '자유의 종'이라는 이름을 붙이면서 그것을 노예제 폐지 운동의 상징물로 삼았다.

그분은 예레미야를 근거로 드실 수도 있었다. 이 예언자의 글에 보면 바벨론이 유다에 쳐들어왔을 때 시드기야 왕이 모든 백성과 이런 계약을 맺었다. "그 계약은 사람마다 각기 히브리 남녀 노비를 놓아 자유롭게 하고 그의 동족 유다인을 종으로 삼지 못하게 한 것이라. 이 계약에 가담한 고관들과 모든 백성이 각기 노비를 자유롭게 하고 다시는 종을 삼지 말라 함을 듣고 순복하여 놓았더니"(렘 34:9-10). 그런데 얼마 가지 못해서 사람들은 풀어 준 노비를 도로 끌어왔다. 예레미야는 그 노예주들을 책망하며 이렇게 상기시킨다. "이스라엘 하나님 여호와께서 이와 같이 말씀하시니라. 내가 너희 선조를 애굽 땅 종의 집에서 인도하여 낼 때에 그들과 언약을 맺으며 이르기를 '너희 형제 히브리 사람이 네게 팔려 왔거든 너희는 칠 년 되는 해에 그를 놓아줄 것이니라. 그가 육 년 동안 너를 섬겼은즉 그를 놓아 자유롭게 할지니라' 하였으나 너희 선조가 내게 순종하지 아니하며 귀를 기울이지도 아니하였느니라"(렘 34:13-14). 이어 그는 그들이 노예를 해방하여 자유를 선포하기로 한 계약을 어겼으므로 하나님도 그들을 적의 침략으로부터 놓아주지 않으실 것이라고 말한다.

예수님 당시와 그 직후의 유대교 전통은 노예에 대한 몇 가지 진보적 발언을 내놓았으나 여전히 노예 제도를 규범으로 간주했다. 바울처럼 예수님도 종을 삶의 정상적 일부로 전제하셨다. 예

예수의 어려운 말들

수님이나 그분의 직속 제자들이 노예를 소유했다는 기록은 없으나 그랬을 가능성도 있다.

신약에 실제 종들과 노예 제도의 은유가 넘쳐난다. '노예'를 뜻하는 '둘로스'라는 단어가 118회나 쓰였고 마태복음에만도 30회가 언급된다. 가끔 나는 학생들에게 이 단어가 신약에 몇 번이나 나올지 추측해 보게 하는데, 대개 그들은 숫자를 낮추어 잡는다. 마태복음 속의 종들은 주인에게 순종해야 하며(8:9) 완전히 주인에게 종속되어 있다(10:24). 비유에 등장하는 종들은 대개 하나님을 표상하는 인물에 속해 있고(13:27-28, 18:23-32, 21:34-36, 22:3-10, 24:45-50, 25:14-30), 베드로의 칼에 귀가 잘려 나간 대제사장의 종처럼(26:51) 종의 신분으로 구타와 고문과 죽임을 당한다. 복음서만 읽어 보아도 1세기의 노예 제도가 얼마나 끔찍하면서도 당연시되었는지 알 수 있다.

이런 끔찍한 실상이 경우에 따라 현대 독자에게는 차단되어 있다. 오랜 세월 성경 번역자들이 노예라는 표현을 없애 버린 결과, 독자들은 출애굽 이야기나 바울 서신과 베드로 서신 몇 군데를 제외하고는 그런 게 있는지도 모른다. 바울은 자주 자신을 예수 그리스도의 종(둘로스. 예컨대 롬 1:1, 갈 1:10, 빌 1:1)이나 하나님의 종(딛 1:1)으로 칭한다. 그런데 NRSV에는 '종'이 '섬기는 자'로 바뀌어 있다('둘로스'를 직역하면 '노예'라고 주를 달아 놓기는 했다). "내 영혼이 주를 찬양하며 내 마음이 하나님 내 구주를 기뻐하였음은"으로 시작되는 마리아의 아름다운 찬송 기도에 "그의 여종의 비천함을 돌보셨음이라"(눅 1:48)라는 구절이 나온다. "여종"에는 종의 여성형인 '둘레'가 쓰였으나 NRSV는 역시 이 헬라어 단어를

'섬기는 자'로 옮겼고, 흠정역(KJV)에는 '하녀'로 되어 있다. '하녀'는 처음에는 그런대로 무난한 표현이었지만, 작가 마거릿 애트우드는 이를 미친 듯이 날뛰는 종교 근본주의의 표상으로 만들었다.

성전에서 아기 예수와 마리아에게 문안한 시므온은 하나님께 "주재〔데스포타. 여기서 '전제 군주'(despot)라는 말이 파생되었다〕여, 이제는 말씀하신 대로 종〔둘로스〕을 평안히 놓아주시는도다"라고 기도한다(눅 2:29). NRSV는 '데스포타'를 '주인'으로 제대로 옮겼으나 '둘로스'는 노예 대신 '섬기는 자'로 의역했다. 우리 자신을 하나님의 종으로 본다면, 하나님도 비교적 자비로울망정 노예주라는 뜻일까? 하나님이 노예주라는 개념을 버린다면, 우리가 종이라는 개념도 버려야 할까?

예수님은 종으로 자처하셨고 그분을 따르는 이들도 마찬가지였다. 요한복음 13장에서 제자들의 발을 씻어 주실 때, 그분은 앞 장에서 자신의 발에 기름을 부은 마리아의 몸짓을 재현하셨을 뿐 아니라 그들의 종으로 행동하신 것이다. 바울은 빌립보서 2장 6-11절에 일명 '그리스도 송가'를 인용할 때 예수님을 "자기를 비워 종의 형체를 가지사…… 자기를 낮추시고 죽기까지 복종하셨으니 곧 십자가에 죽으심이라"라고 묘사했다(7-8절). 십자가형은 주로 노예에게 가해지던 형벌이었다.

우리 대부분은 예수님이 종의 역할을 맡으신 것을 별로 문제 삼지 않을 것이다. 어쨌거나 그분은 예수님이시니 말이다. 그분은 늘 자신의 갈 길을 자유로이 택하셨다. 바울의 말대로 그분은 자신이 하늘에서 오셔서 하늘로 돌아가실 것을 아셨고, 종의 역할은 한시적인 것이었다. 실제 노예인 사람과 노예 역할을 맡는 사람은

예수의 어려운 말들

천지 차이다. 오늘날 성직자가 고난 주간 목요일에 자원해서 노숙자 쉼터나 난민촌에서 사람들의 발을 씻어 줄 수 있다. 그러나 알다시피 성금요일이면 그 성직자는 깨끗이 씻은 몸에 예복을 입고 교회 앞에 설 테고, 교회가 부활절을 맞이하는 동안 노숙자나 난민은 까맣게 잊힐 것이다.

이런 구절들을 어떻게 보아야 마가복음 10장 44절을 더 잘 이해할 수 있을까? 우선 그 당시에 종의 은유가 어떻게 들렸을지 생각해 보아야 한다. 그러면 오늘날 그것을 어떻게 듣고 적용할 것인지도 알 수 있다. 미리 경고하거니와 이 내용은 사뭇 충격적이다.

기원후 1세기에 로마 제국 인구의 자그마치 3분의 1이 노예로 살았고 그 밖에 노예의 후손도 많았다. 이교 체제에서 노예는 재산이었으므로 예수님의 비유에서 보듯이 주인이 노예를 학대해도 괜찮았다.

반면에 자유인들은 자신을 노예의 은유로 표현하는 일이 흔했다. 이때 은유의 초점은 개인이나 민족의 노예 신분이 아니라 유일하신 참 주인이신 하나님께 있다. 예컨대 구약에서 모세는 자주 "여호와의 종"(히브리어로 '에베드')이라 불린다. 초기 헬라어 번역자들은 모세를 '둘로스'라 칭하지 않고, '에베드'를 농노(農奴)보다 가노(家奴)의 어감이 있는 '오이케테스'로 번역했다(헬라어 '오이코스'는 '집'을 뜻한다). 이스라엘 민족을 기술할 때도 그들은 레위기 25장 42절에서와 같이 동일한 역어를 썼다. "그들은 내가 애굽 땅에서 인도하여 낸 내 종들[히브리어로 '에베드', 헬라어로 '오이케테스', NRSV에는 '섬기는 자']이니 종으로 팔지 말 것이라." 역대기 저자는 모세를 "하나님의 종"(에베드 하-엘로힘)이라 표현했고(예컨대 대상 6:49), 다윗 왕은 자신을 하나님의 종(에베드, 둘로스)이라 칭했다(삼상 23:10). 모세와 다윗과 마리아와 예수님과 바울 등 성경의 자칭 타칭 "하나님의 종" 또는 "주의 종"은 다 **자유인**이다. 그들이 이 은유를 쓴 것은 자유를 부각시키기 위해서다. 즉 자신들의 주인은 하나님 한 분뿐이라는 의미다.

흥미롭게도 당시의 노예들도 예수님을 따르는 사람은 더 높은 주인에게 속해 있음을 알아보았다. 사도행전 16장 16-17절에 보면, 바울과 그의 동료(일인칭 복수로 되어 있으므로 대개 복음서 저자 누가로 본다)가 "점치는 귀신 들린 여종 하나를 만나니 점으로 그 주인들에게 큰 이익을 주는 자"였다. 참고로, 여기 "주인"에 해당하는 원어 '퀴리오스'는 '주'로 직역되며, 히브리어 '여호와'의 통상적인 헬라어 역어다. 이 여종은 바울과 '누가'를 따라오면서 옛날식 무료 광고로 이렇게 외쳐 댔다. "이 사람들은 지극히 높은 하나님의 종[둘로스]으로서 구원의 길을 너희에게 전하는 자라."

이상의 배경 지식을 바탕으로 이제 우리는 "너희 중에 누구든지 으뜸이 되고자 하는 자는 모든 사람의 종이 되어야 하리라"(막 10:44) 하신 예수님의 말씀을 검토하며 씨름할 수 있다.

으뜸이 되고자 함에 대하여

예수님의 이 진술은 균형이 어긋나 있다. '으뜸'의 반대는 '종'이 아니라 '말째'여야 한다. 자주 인용되는 그분의 이 말씀이 더 균형

잡혀 있다. "먼저 된 자로서 나중 되고 나중 된 자로서 먼저 될 자가 많으니라"(예컨대 마 19:30, 20:16, 막 10:31, 눅 13:30). 그러므로 예수님이 왜 종의 자리를 귀히 보셨는지 알려면 "으뜸"이 된다는 게 무슨 의미인지부터 알아야 한다.

'으뜸'인 사람은 노예와 반대로 '자유인'일 뿐 아니라 부유한 사회 지도층이다. '지배자'에 해당하는 헬라어 원어 '아르콘'에 '처음, 으뜸'을 뜻하는 말이 들어 있다(이 접두사 '아르크'에서 '고풍스럽다'(archaic)나 '고고학'(archaeology)이 파생되었다). '아르콘'이라는 호칭이 신약에도 등장한다. 첫 사례는 관리(마 9:18, NRSV에는 '지도자') 또는 회당장(막 5:22, 눅 8:41, NRSV에는 '지도자')인 야이로다. 이 단어의 의미는 랍비나 성직 지도자가 아니라 지역사회에 건물과 기타 자원을 제공하는 '물주'의 개념이다. 당대의 일부 비문에 보면 마가가 쓴 '아르키쉬나고고스'(회당장)라는 단어가 (여성형 '아르키쉬나고가'로 바뀌어) 여자에게도 똑같이 쓰였다. 이렇듯 재력과 사회적 지위를 갖춘 지도자인 '으뜸'이 되는 일은 남녀에게 공히 가능했다.

누가복음 14장 1절에 언급된 '지도자'(NRSV)도 바리새인 중의 '으뜸'이라는 뜻이다. 누가복음 18장 18절에는 이 책 1장에서 보았던 '부자 청년 관원'이 나오는데 역시 '아르콘'이 '지도자'(개역개정은 '관원')로 옮겨졌다. 요한복음에는 니고데모가 '아르콘'으로 지칭된다. 바리새인 중의 '지도자' 또는 '으뜸'이라는 뜻이다. 예를 들자면 얼마든지 많으니 이 정도로 그친다.

이제 우리는 누가 '으뜸'인지를 안다. 그들은 그냥 부자가 아니라 남들이 도움이나 조언을 구하는 대상이다. 사회 자본과 사회적 지위를 갖춘 특권층 인사다. 부유하고 유명한 실세다. 흠정역의 역어 '수장'(首長)이 제격이다. 또 그들은 결정권자요 책임자로서 남들이 의존하는 대상이다.

이제 우리는 예수님의 이 말씀에서 두 부류의 사람을 만난다. 으뜸인 사람과 으뜸이 되고자 하는 사람이다. 지배자와 지배하고자 하는 사람, 책임자와 더 많은 책임을 원하는 사람으로 표현을 바꿀 수도 있다. 양쪽 부류에 필요한 메시지는 각기 다르며, 앞서 보았듯이 예수님은 천편일률적인 선생이 아니다.

우선 으뜸이 되고자 하는 이들에게 예수님은 "무엇이든 함부로 바라서는 안 된다"라는 통상적 경고를 발하신다. 그래서 그분의 문제적 진술은 야고보와 요한에게 주신 직답이라 볼 수 있다. "우레의 아들"인 그들이 여기 마가복음 10장 35절에는 (마치 퇴행이라도 한 듯) 도로 "세베대의 아들"로 지칭되는데, 그들이 예수님께 다가와 "선생님이여, 무엇이든지 우리가 구하는 바를 우리에게 하여 주시기를 원하옵나이다"라고 겸연쩍게 아뢴다. "선생님"에게 그렇게 말문을 뗀다는 것은 보나마나 엉뚱한 소리로 이어진다는 뜻이다. 과연 그들은 "주의 영광 중에서 우리를 하나는 주의 우편에, 하나는 좌편에 앉게 하여 주옵소서"라고 청한다(37절). 정말인가? "나중 된 자로서 먼저 되고 먼저 된 자로서 나중 되리라"라는 가르침을 귀가 따갑게 듣고도 윗자리를 바란단 말인가? 무엇이든 함부로 바라서는 안 된다. 예수님은 자신이 마실 잔을 그들도 마실 수 있겠느냐고 부드럽게 물으신다(적어도 말투는 부드러웠다고 본다). 나중에 겟세마네에서 그분조차 피하려 하실 그 잔을 말이다. 또 자신의 세례를 그들도 받을 수 있겠느냐고 물으신다. 여기

세례는 그분이 새 생명으로 부활하시기 전에 당하셔야 하는 고난과 죽음을 가리킨다. 이어 예수님은 자신처럼 그들도 장차 고난을 당하고 죽겠지만, "내 좌우편에 앉는 것"은 자신이 줄 수 없다고 말씀하신다(40절). 그 자리는 이미 예약되어 있다. 마가복음을 주의 깊게 읽는 사람은 알겠지만, 예수님의 좌우편에 있을 사람은 골고다에서 그분과 함께 십자가에 달린 두 강도다(막 15:27).

누가복음 19장에서 예수님은 어떤 귀인의 비유를 말씀하신다. 귀인은 열 명의 종에게 열 므나(흔히 '파운드'로 영역되며, 이 이야기의 마태복음 버전에는 금액이 '달란트'로 표기된다)를 투자금으로 맡긴다. 그가 여행에서 돌아와 돈의 행방을 묻자, 첫째 종이 "주인(퀴리오스)이여, 당신의 한 므나로 열 므나를 남겼나이다"라고 아뢴다(16절). 그러자 "주인"은 "잘하였도다, 착한 종이여. 네가 지극히 작은 것에 충성하였으니 열 고을 권세를 차지하라"라고 말한다(17절). 일이 더 필요한 사람은 누구인가?

나는 우리 회당에서 학식 때문에 존경도 받고 대체로 (내 생각에) 호감도 누리고 있지만, 예배에서 맡는 역할에 관한 한 '으뜸'에 속하지 않는다. 정통 회당이라서 여자인 내게는 토라(율법서) 두루마리를 운반하거나 예배 중에 회중에게 토라를 봉독하거나 공동체 기도를 인도하는 일이 허용되지 않는다. 물론 나는 이런 제도가 못마땅하며, 매사에 여성이 더 평등해지려면 —"분리되지만 평등하다"라는 원칙은 대개 '분리된' 집단에게 불리하게 작용하므로 —교육에 끈기가 겸해져야 한다고 본다. 그래서 내 자리는 늘 회중석인데, 평등하지 않다는 점만 빼면 나는 거기에 대만족이다. 내 몸속의 모든 페미니스트 세포에 경련을 일으키지 않고도 내가 잘 견디는 이유는, 내게 허용되지 않는 그런 활동을 나도 원하지 않기 때문이다. 나는 토라를 운반하고 싶지도 않고(비정통 회당에서는 했었지만), 회중에게 토라를 봉독하고 싶지도 않고(많은 연습을 요하며 특히 영창(詠唱)을 배워야 한다), 회중을 인도하고 싶지도 않다. 그냥 내 자리에 앉아 부모님이 하시던 대로 말씀을 암송하고 옆자리의 친구 로버타에게 말을 걸고 싶을 뿐이다. 요컨대 나는 '으뜸'이 될 마음이 없다. 지도자가 되고 싶지 않고 책임을 원하지 않는다.

이미 으뜸인 이들 즉 예수님의 이름으로 모인 공동체의 지도자들에게는 마가복음의 이 구절이 예고라기보다 사실의 진술이다. 훌륭한 리더십은 넓은 길이 아니라 좁은 문이었고, 특히 예수님의 이름으로 모인 사람들의 지도자는 더했다. 베드로와 바울과 야고보 같은 지도자는 내분을 수습하고, 예루살렘의 제사장 조직과 도처의 로마 당국에 배척당하고, 지연되는 예수님의 재림을 설명하고, 소망 중에 깨어 있도록 새로운 신앙 가족을 결속시켜야 했다. 이런 직무를 제대로 수행하면—자신의 영달이 아니라 하나님의 더 큰 영광을 위해 이끌면—스스로 종으로 느껴질 수밖에 없다. 개인 시간이 없어 한시도 쉬지 못하는 데다 공동체 안팎의 박해에 부딪친다. '으뜸'인 사람은 순교를 당할 수도 있다. 실제로 헤롯 아그립바 1세는 요한의 형제 야고보를 죽였다(참조 행 12:2).

예수 운동에서 '으뜸'인 그들이 끝까지 인내할 수 있었던 것은 하나님의 궁극적 주권을 알았기 때문이다. 자신의 수고에 하늘의 상급이 따를 것과, 자원해서 공동체의 종이 됨으로써 자신이 주님을 본받는다는 것을 알았기 때문이다. 예수님은 자신이 하지 않으실 일은 제자들에게도 시키지 않으신다.

"모든 사람의 종이 되어야 하리라"

권한이 있는 직분자에게는 모든 사람의 종이 되라는 명령이 그때나 지금이나 기쁜 소식일 수 있다. 노예의 은유는 궁극의 주인이 존재하심을 우리에게 일깨워 준다. 복음서에서 보듯이, 이 주인은 우리를 "대속"하신 분이다. 바울은 이방인 신자들에게 "너희는 값으로 사신 것이니 사람들의 종이 되지 말라"라고 말한다(고전 7:23, 참조 6:20). 그러면서 "주 안에서 부르심을 받은 자는 종이라도 주께 속한 자유인이요 또 그와 같이 자유인으로 있을 때에 부르심을 받은 자는 그리스도의 종이니라"라고 그 이유를 밝힌다(고전 7:22). 종이 된 지도자는 그래서 남들을 "임의로 주관"할 수 없다. 지도자의 본분은 섬김을 받는 게 아니라 섬기는 것이다.

　이미 권한이 있는 사람이 통제권을 하나님께 이양하면 그 안도감이 엄청날 수 있다. 최종 권한이 하나님께 있으면 우리는 그 권한을 행사할 필요가 없다. 이 관점을 다르게 표현하자면, 하나님이 내 궁극의 주인이시면 "나의 속박됨이 곧 나의 자유다."

　나아가 자신을 종으로 생각한다는 것은 오늘날에도 노예가 존재함을 인식하고 그들의 해방에 일조한다는 뜻이다. 같은 맥락에서 "오늘 우리에게 일용할 양식을 주시옵고"라고 기도하면서 자신에게 있는 자원으로 굶주린 사람을 먹이지 않는다면 이 또한 위선이다.

하나님의 종으로 자처하는 것이야말로 사람에 따라 자유의 극치다. 다소의 바울은 필시 그랬을 테고, 예수님을 따르는 이들은 다 마찬가지다. 하나님 외에는 그 누구나 무엇도 최종 권한이 없다는 뜻이기 때문이다. 바울이 돕던 여러 교회에도 이 은유가 통했다. 그들은 사람을 사고판다는 것이 무엇인지 직접 경험으로 알았다. 예수님이 우리를 "속량"하신다는 노예 어법은 적어도 1세기에는 피부에 와 닿는 표현이었다.

실제 노예에게나 '으뜸'에 들지 못하는 사람에게는 모든 사람의 종이 되어야 한다는 명령이 오히려 더 해롭게 작용할 수 있다. 프레더릭 더글러스(미국 노예 출신의 노예 폐지론자—옮긴이)가 1845년의 명작『나의 속박과 나의 자유』에서 명확히 밝혔듯이, 속박과 자유는 서로 반대말이다.

노예인 사람에게 그의 상태가 곧 교회 지도자의 이상(理想)이라고 말해도 그의 고역이나 참담한 제도는 종식되지 않는다. 예수 운동에서 "모든 사람의 종"이 되는 지도자는 그 길을 자원한다. 신학적으로 말하자면, 소명을 받고 부르심에 응답한다. 그러나 옛날의 노예는 대부분 양이나 가구처럼 사고파는 대상일 뿐 본인의 선택권이 없었다.

하나님은 노예주이신가

"하나님의 종"이라는 은유를 계속 살려 두기로 결정한다면 — 거듭 말하지만, 이 은유를 활용할 이유도 있고 폐기할 이유도 있다 —

예수의 어려운 말들

이제 우리는 다음 단계로 넘어가 하나님을 노예주로 볼지를 결정해야 한다. 하나님의 종이나 그리스도의 종이라는 은유를 받아들이고 예수님을 "모든 사람의 종"으로 보는 거야 사람에 따라 아주 쉽지만, 하나님을 노예주로 생각하는 것은 대다수 사람에게 어려운 일이다. 이 은유는 한쪽 방향으로만 작용하는 것일 수 있다.

하나님을 노예주로 생각하면 인간에게 해로운 모형이 생겨날 수 있다. 고대의 노예는 구타와 화인과 채찍질과 고문을 당할 수 있었고, 주로 두려워서 주인에게 복종했다. 하나님을 노예주로 본다는 것은 우리의 반응과 행동도 사랑으로 말미암지 않고 고통이나 고문이 두렵기 때문이라는 뜻이다.

더구나 아이들에게 하나님이 노예주이시고 우리는 노예라고 말한다면, 거기에 크게 두 가지 해로운 의미가 따라붙는다. 첫째로, '좋은' 노예주이기만 하다면 노예주가 되는 것도 괜찮다는 말이 된다. 하나님께 괜찮은 일이면 인간에게도 괜찮을 테니 말이다. 심지어 이 견해는 노예 제도가 괜찮다 못해 하나님의 뜻이라는 데까지 나아간다. 둘째로, 아이들에게 하나님이 말 안 듣는 아이를 노예주처럼 고문하거나 판다고 말하면, 많은 사람이 교회를 떠나든지 아니면 남아 있더라도 상담 치료를 많이 받아야 할 것이다. 분명히 이보다 나은 은유들이 있다.

하나님에 대한 다른 은유들이 우리에게 있다. 옛날에는 '아버지'의 위상이 '주인'이나 '남편'과 대등했다. 그래서 자녀는 부모(주로 아버지)에게, 아내는 남편에게, 종은 주인에게 종속되어 순종해야 했다(예컨대, 에베소서 5장 21절-6장 9절을 참조하라). 게다가 아버지는 자녀를 사랑하고, 가족을 부양하고 보호하며, 솔선수범하여 자비를 베푸는 존재로도 알려져 있었다.

우리는 하나님을 아버지나 주인이나 심지어 배우자로 보는가? 고대 이스라엘은 자신들을, 사랑으로 함께 언약한 하나님의 아내로 은유했다. 또 유대교 전통에서는 아가서(일명 솔로몬의 노래)를 하나님과 이스라엘의 사랑 노래로 해석한다. 에베소서 5장 23절에도 "이는 남편이 아내의 머리 됨이 그리스도께서 교회의 머리 됨과 같음이니 그가 바로 몸의 구주시니라"라는 말씀이 있다. 그리스도인들은 아가서에 표현된 것이 그리스도와 교회의 사랑 또는 그리스도와 각 그리스도인 영혼의 사랑이라고 다양하게 해석해 왔다.

그동안 우리는 하나님을 아버지, 연인이나 남편, 주인 등으로 다양하게 생각해 왔다. 요한복음에 제시된 다른 대안도 있다. 예수님은 제자들에게 "이제부터는 너희를 종(헬라어로 둘로이)이라 하지 아니하리니 종(둘로스)은 주인(퀴리오스, '주')이 하는 것을 알지 못함이라. 너희를 친구라 하였노니 내가 내 아버지께 들은 것을 다 너희에게 알게 하였음이라"라고 말씀하신다(요 15:15). 나의 일부 학생들은 하나님을 친구라 부른다는 개념을 너무 파격이다 못해 주제넘다고 본다. 하나님을 친구처럼 막 대한다는 기분이 들어서다. 그들은 '주'(퀴리오스)나 아버지처럼 더 권위 있는 은유를 선호한다.

일단 찾아내기 시작하면 목자, 어린양, 반석, 구속자, 수원, 샘 등 많은 은유가 떠오른다. 유대교 교회력의 속죄일인 욤 키푸르가 되면 회중은 예레미야 18장 6절—"여호와의 말씀이니라. 이스라엘 족속아, 이 토기장이가 하는 것 같이 내가 능히 너희에게 행

예수의 어려운 말들

하지 못하겠느냐. 이스라엘 족속아, 진흙이 토기장이의 손에 있음 같이 너희가 내 손에 있느니라"—에 근거한 중세기의 찬송가를 부른다. 그 찬송은 이렇게 시작된다. "자비의 주시여, 토기장이가 손으로 진흙을 마음대로 주무르듯이 우리는 주님의 손에 있나이다." 이어 회중과 하나님의 관계가 이렇게 부연된다. "돌이 석수의 손에 있음 같이, 도끼날이 대장장이의 손에 있음 같이, 닻이 뱃사공의 손에 있음 같이, 유리가 유리 부는 직공의 손에 있음 같이, 휘장이 자수 놓는 사람의 손에 있음 같이."

요한계시록 22장 13절에 또 다른 은유가 나온다. "나는 알파와 오메가요 처음과 마지막이요 시작과 마침이라" 하신 그리스도의 말씀이다(참조 계 1:17, 2:8). 이렇게 보면 하나님 외에는 아무도 처음(으뜸)이나 마지막이 아니고, 우리는 다 그 중간에 싸여 있다. 이렇게 보면 아무도 종이 아니다. 요한계시록이 "종들"〔몸, 헬라어로 '소마'〕과 "사람의 영혼들"(18:13)을 파는 상인들을 단죄하니 말이다.

요약

예수님의 제자들은 있는 것을 다 팔아 가난한 자들에게 주지 않는다. 또한 사도행전 5장의 아나니아와 삽비라 이야기에서 보듯이, 자원을 전부 공유하는 공동 사회 체제는 붕괴했다.

예수님의 제자들은 부모나 아내나 자녀를 미워하는 인상을 줄 수는 있어도 실제로 미워하지는 않는다. 오히려 가까운 친척들

너머로 사랑의 외연을 넓혀, 예수님을 통해 생겨난 신생 가족의 모든 어머니와 형제자매에게로 뻗어 나간다.

예수님의 제자들은 종이 되지 않는다. 다만 제자도를 온전히 실천하는 사람은 종의 인상을 풍길 수 있고, 오늘날에도 은유적으로 자신이 종으로 느껴질 수 있다. 옛날의 신자들 중에서 자유인은 자유인으로 남았다. 그 상태로 계속 복음을 전할 수 있었기 때문이다. 특히 이방인 세계의 노예 신자들은 자신을 온전히 이해해 주시는 신을 새로 만났다. 그분은 그들과 함께 고난을 받으셨고 장차 그들의 충성을 갚아 주신다.

신약에 (아내가 남편에게 복종할 것과 더불어) 노예 제도가 용인되어 있음에도 불구하고 결국 예수님의 제자들이 내린 결론은 노예 제도가 죄라는 것이었다. 그래도 예수님의 말씀에 종과 노예 제도가 언급된 덕분에 종종 우리는 이전에 노예가 되었거나 노예를 삼았던 우리의 역사를 떠올릴 수 있다. 지금도 노예가 존재하며 세상 도처에서 인신매매가 성행하고 있음을 떠올릴 수 있다. 미국 노예 제도의 유물과 아직도 계속되고 있는 여파를 떠올릴 수 있다. 모두가 자유로울 수 없는 한 아무도 자유롭지 못함을 떠올릴 수 있다. 기독교 세계의 사람들은 나사렛 예수께서 우리를 해방하시려고 종이 되시고 죽기까지 하셨음을 떠올릴 수 있다.

"너희 중에 누구든지 으뜸이 되고자 하는 자는 모든 사람의 종이 되어야 하리라" 하신 예수님의 말씀은 지금도 그대로 선포될 수 있을까? 아니면 노예 제도를 조장하는 데 너무 일조할 뿐 아니라, 여태 노예 제도의 상흔을 안고 사는 사람들에게 너무 해로운 것일까? 이는 그리스도인의 회중 내에서 그리고 여러 회중 간

　　　　　예수의 어려운 말들

에 논의되어야 할 문제다. 답은 다양할 수밖에 없다. 이런 논의가 분열이 아니라 이해를 낳았으면 좋겠다. 다행히 논의는 이미 진행 중이다.

4

—

이방의 길로도 가지 말고

인사이더와 아웃사이더의 구분

"이방인의 길로도 가지 말고 사마리아인의 고을에도 들어가지
말고 오히려 이스라엘 집의 잃어버린 양에게로 가라."

— 마태복음 10:5-6

37년 전에 나는 이 구절로 박사 학위 논문을 방어했다. 제목을 "마
태와 선교 전략"으로 정하려 했으나 교수진이 주제의 적합성에 공
감하면서도 제목에 퇴짜를 놓았다. 이 본문은 그때도 난제였지만
마태복음을 공부할 때마다 여전히 난제다. 예수님은 왜 제자들에
게 이방인 대상의 치유와 축사(逐邪)를 금하셨을까? 어쩌자고 사
마리아인을 상대하지 말라고 명하셨을까? "잃어버린 양"이 누구
인지도 불확실하다. 게다가 나중에 가나안 여인과 대화하실 때 그
분이 이 요지를 **되풀이하신** 이유는 또 무엇인가? 그분은 귀신 들
린 딸에게서 귀신을 쫓아내 달라는 그녀의 간청을 거절하실 뿐 아

예수의 어려운 말들

니라 "나는 이스라엘 집의 잃어버린 양 외에는 다른 데로 보내심을 받지 아니하였노라"라고 말씀하신다(마 15:24). 설상가상으로 "자녀의 떡을 취하여 개들에게 던짐이 마땅하지 아니하니라"라고까지 답하신다(26절).

의문은 꼬리를 잇는다. 이 한정된 선교─전문 용어로 '배타적 언명'이라 하며, 선교의 배타성에 관한 말씀이라는 뜻이다─는 이방인들이 즐비하게 등장하는(본디오 빌라도까지도) 마태복음 전체에 어떻게 맞아드는가? 마태복음은 이방인 출신의 아브라함으로 시작되어 족보에 다말, 라합, 룻, 우리야 등의 이방인이 줄줄이 언급된다. 2장에서 별을 따라 아기 예수를 찾아온 동방 박사들은 다 페르시아의 점성술사이며, 요셉과 마리아와 아기 예수는 이방 나라인 이집트에서 난민이 된다.

마태복음 4장 13-16절에 보면 예수께서 고향 나사렛을 떠나 가버나움으로 이주하시는데, 이 도시는 일찍이 스불론과 납달리 지파에 분배되었던 지역이다. 이로써 아래의 이사야 9장 1-2절의 예언이 성취되었다.

> "스불론 땅과 납달리 땅과
> 요단 강 저편 해변 길과 **이방의 갈릴리여**,
> 흑암에 앉은 백성이
> 큰 빛을 보았고
> 사망의 땅과 그늘에 앉은 자들에게
> 빛이 비치었도다." (강조 추가)

이 본문의 지리는 1세기가 아닌 고대의 것으로, 예수님 당시에는 갈릴리 하단이 주로 유대인 지역이었다. 두로 지방—마태복음 15장에서 예수께서 쉬러 가셨다가 귀신 들린 딸의 어머니인 가나안 여인을 만나신 곳—도 아셀과 단과 납달리 지파에 속했던 땅이다. 그러므로 위에 인용된 말씀이 성취되었다는 마태의 설명은 예수님이 고대 이스라엘의 전통적 국경 내에 주로 머무셨고 이방인에게 많은 시간을 들이거나 사마리아 성읍에 들어가지는 않으셨다는 뜻이다. 사실 마태복음에서 사마리아가 언급된 곳은 이번 장의 문제의 본문인 10장 5절뿐이다.

마태복음 5-7장의 산상 수훈 이후에 예수님은 많은 사람의 병을 고쳐 주시는데, 그중에 (이방인인) 백부장의 하인(헬라어로 '파이스.' '아이'라는 뜻도 있으나 상응 본문인 누가복음 7장 1-10절에 밝혀져 있듯이 여기서는 아마 '종'일 것이다)도 있다. 이 백부장에 대해 예수님은 "내가 진실로 너희에게 이르노니 이스라엘 중 아무에게서도 이만한 믿음을 보지 못하였노라"라고 말씀하신다(마 8:10). 마태복음 8장 28-34절로 가면 예수님이 "가다라 지방"에서 귀신 들린 두 사람을 치유해 주신다. 갈릴리 바다에서 동남쪽으로 10킬로미터쯤 떨어진 그곳은 헬라화된 열 성읍(데가볼리. 헬라어로 '데카'와 '폴리스'는 각각 '숫자 열'과 '성읍'을 뜻한다) 중 하나였다. 귀신들은 그들에게서 나와서 돼지 떼 속으로 들어가는데, 이로써 그곳 주민들이 이방인임을 알 수 있다. 유대인 음식 규정에 돼지고기를 먹지 못하게 되어 있기 때문이다(참조 레 11:7, 신 14:8). 혹시 그분이 그곳의 선교를 계획하셨다면 그 계획은 좌초되었다. 돼지 떼가 물에 빠져 죽자 그분께 "온 시내가…… 그 지방에서 떠나시기를 간구"

예수의 어려운 말들

했다(마 8:34).

가다라에서 이런 뜻밖의 반전이 있기는 했어도, '선교 강화' 가 기록된 마태복음 10장쯤에서는 드디어 세계 복음화가 언급될 만도 했다. 거기까지는 못 가더라도 적어도 선교를 제한하는 일만 은 없어야 했다.

끝으로, 이 배타적 언명(정말 학술 용어처럼 들린다!)은 부활하 신 예수께서 남아 있는 열한 제자에게 지상 명령(또 하나의 전문 용 어!)을 내리신 마태복음 결말부와도 상충되어 보인다. "하늘과 땅 의 모든 권세를 내게 주셨으니 그러므로 너희는 가서 모든 민족 [헬라어로 '에스네.' '민족'(ethnic)의 어원인 이 단어를 기억해 두라. 이 를 어떻게 번역하느냐에 따라 마태복음에 대한 이해가 달라진다]을 제자 로 삼아 아버지와 아들과 성령의 이름으로 세례를 베풀고 내가 너 희에게 분부한 모든 것을 가르쳐 지키게 하라. 볼지어다, 내가 세 상 끝 날까지 너희와 항상 함께 있으리라"(마 18하-20, 예상했겠지만 NRSV의 번역에 대한 나의 우려를 뒤에 밝힐 것이다).

10장 5-6절이 마태복음에서 어떤 역할을 하는지 알려면 이 말씀을 연구해 온 역사를 보아야 한다. 주석가들은 어떻게 유대인 과 여성에 대한 부정적인 고정 관념을 조장하는 데 일조했으며, 이런 오류를 바로잡을 방도는 무엇인가? 예수님의 본래 사명은 무엇이며, 그분이 가나안 여인을 대하신 방식은 왜 이렇게 민망한 가? (적어도 내게는 그렇다.) 역어의 선택은 마태복음을 이해하는 데 어떤 영향을 미치는가? 이런 문제를 두루 살펴본 다음, 끝으로 특 수성과 보편성 ─ 전도로 이어지는 ─ 양쪽 모두의 문제점과 가능 성을 잠시 논하려 한다. 특수성과 보편성이라는 주제는 오늘날에도 많은 교회의 지대한 관심사다.

기존의 일치된 해석에 의문을 제기하다

마태복음 10장 5-6절은 내게 늘 이상해 보였으나, 그 이유는 내게 대학원 세미나 수업을 들었거나 마태복음 주석을 펴낸 대다수 사람과는 달랐다. 내가 이상하게 여긴 이유는 이 말씀이 불필요해 보여서인 반면, 그들이 이상하게 여긴 이유는 이 말씀이 기독교의 전체 메시지에 어긋나 보이기 때문이다. 기독교의 메시지라면 적어도 이론상으로는 "너희는 유대인이나 헬라인이나 종이나 자유인이나 남자나 여자나 다 그리스도 예수 안에서 하나이니라"(갈 3:28)이니 말이다.

처음에 나의 의문은 훨씬 더 평범했다. 예수님은 왜 제자들에게 사마리아인이나 이방인에게는 가지 말라고 말씀하셔야만 했을까? 내 생각에 어차피 열두 제자는 그런 폭넓은 선교를 생각할 리도 없었다. 적어도 산상 수훈에 관한 한 유대인은 예수님의 가르침을 이해하고 존중할 만했지만, 일부 진술은 이방인에게는 애매하고 사마리아인에게는 부적절했을 것이다. 율법과 예언서를 이해하는 법에 대한 그분의 메시지는 이방인에게는 무의미했을 것이며, 별도의 오경(당연히 학계에서 '사마리아 오경'으로 불리는)을 가지고 있던 사마리아인은 유대인 운동의 대표단을 반갑게 맞이할 턱이 없었다.

시간의 문제도 있었다. 흔한 기차와 비행기와 자동차가 없다

예수의 어려운 말들

보니, 제자들은 걸어 다니거나 운이 좋으면 나귀를 탔다. 그 상태로 메시아 시대의 도래를 동족에게 먼저 알려야 했다면, 이방인에게는 아예 갈 시간도 없었을 것이다. 실제로 예수님은 이 배타적 언명의 불과 몇 구절 뒤에 "〔너희가〕 이스라엘의 모든 동네를 다 다니지 못하여서 인자가 오리라"라고 말씀하신다(마 10:23하).

이 한정된 선교를 설명하시면서 예수님은 제자들에게 할 일을 많이 주신다. 그들은 동료 유대인―친구와 친척 등 이스라엘 민족―에게 말을 걸어야 한다. "천국이 가까이 왔다"라고 전파해야 한다(마 10:7). 이어 그 선포가 사실이라는 증거로 병든 자를 고치고 죽은 자를 살리고 나병환자를 깨끗하게 하고 귀신을 쫓아내야 한다(마 10:8). 동일한 선교 지침의 마가복음 버전과 비교해 보면, 마태는 제자들의 소임에 관한 한 그들의 급을 한참 높여 주었다. 마가는 예수께서 그들을 "둘씩 둘씩 보내시며 더러운 귀신을 제어하는 권능을 주"셨다고 말한다(막 6:7). 마가에 따르면 제자들은 먼저 누구나 다 회개하라는 메시지를 선포한 뒤 "많은 귀신을 쫓아내며 많은 병자에게 기름을 발라 고"쳤다(막 6:13). 하지만 죽은 자를 살렸다는 말은 없다. 누가는 70인의 선교를 기록했는데, 병자를 고치도록 보냄 받은 그들이 돌아와 예수님께 "주여, 주의 이름이면 귀신들도 우리에게 항복하더이다"라고 보고했다(눅 10:17).

제자들이 이 모든 기적을 실행에 옮겼는지 혹시 궁금하다면, 마태복음에는 답이 없다. 예수님의 선교 지침을 밝혀 놓은 10장은 마태복음의 뚜렷한 전기 중 하나다. 하지만 해야 할 일과 예상되는 상황만 나와 있을 뿐 열두 제자가 실제로 예수님을 떠나 기쁜 소식을 전파했다는 기록은 없다. 그 내용을 보려면 마가복음과 누가복음으로 가야 한다.

예수님은 제자들을 보내 세례 요한처럼 동족에게 회개를 명하고(참조 마 3:2) 사람들을 귀신과 질병으로부터 해방하게 하셨을 것이다. 나는 귀신을 별로 믿지 않으며, 오히려 제정신인 인간들이 저지르는 끔찍한 일을 많이 보았다. 귀신이 존재한다 해도 상대하고 싶은 마음은 없다. 그래도 사람들을 보내 회개의 정황 속에서 축사와 치유를 베풀게 한다는 이 개념은 내게 의미 있게 와닿는다. 인간은 자신이 뻔히 잘못하고도 배상이나 속죄를 하지 않으면 양심이 찔리게 마련이다. 그 죄책감을 인정하고 해결하지 않으면 심신에 병이 도질 수 있다. 그래서 제자들은 선교 중에 자신을 영접하는 이들에게, 죄를 자백하고 속죄하여 죄책감을 떨칠 수 있는 기회를 주었다. 죄책감으로 인한 고통에서 벗어나도록 새로운 자유와 치유를 전했다. 이 메시지는 오늘날에도 요긴하며, 특히 우리 중에 너무 교만해서 자신이 틀렸거나 잘못했음을 인정하지 못하지만 그래도 죄책감에 양심이 찔리는 이들에게 그렇다.

이제 한정된 선교의 문제로 다시 돌아온다. 천국이 가까이 왔다는 메시지가 그렇게도 유대인을 위한 것이라면, 막상 천국이 임할 때 이방인은 어떻게 될까? 아마 제자들은 천국이 도래하면 "그때에 이리가 어린 양과 함께 살며 표범이 어린 염소와 함께 누우며 송아지와 어린 사자와 살진 짐승이 함께 있어 어린 아이에게 끌리며"(사 11:6), 이방인이 지역 신이나 제국 신을 버리고 이스라엘의 하나님을 섬기며 예루살렘 순례길에 오르리라고 믿었을 것이다. 그러니 그들은 이방인에게 갈 필요가 없었다. 이스라엘이 기쁜 소식을 듣고 나면 하나님이 이방인을 불러들이실 테니 말이다. 그런 면에서 제자들은 이스라엘의 후기 예언자들과 같았다. 이사야와 예레미야와 에스겔에서부터 맨 나중의 말라기에 이르기까지, 그들은 이스라엘을 향해서만 말하고 이방인에게는 말하지 않았다. 사실 이방인에게 보냄 받은 후기 예언자는 요나뿐인데, 요나서는 명백히 허구적이다.

그래서 나는 예수님이 제자들에게 "이스라엘 집의 잃어버린 양" 가운데 머물라고 말씀하셨다는 부분에는 의심이 들었다. 굳이 필요 없는 말씀이기 때문이다.

내가 읽어 본 다양한 마태복음 주석에 몇 가지 상이한 해석이 나오는데, 내 생각에 내용이 틀렸을 뿐 아니라 의도까지는 몰라도 사실상 반유대적이다(편견이라고 비난하는 것은 아니다). 물론 이 부분에서 내가 과민할 수 있으니 독자의 판단에 맡긴다. 지금 우리가 살펴보고 있는 배타적 언명에 대한 설명은 대체로 두 가지다.

첫째로, 성서학의 다양한 입장 중에서 보수 쪽의 많은 학자는 예수님이 정말로 이 말씀을 하셨다고 본다. 반대의 증거가 없는 한(실제로 없다) 복음서에 예수님의 말씀으로 되어 있는 것은 다 실제로 그렇다고 보는 최대주의 관점이다. 하지만 이 학자들이 보기에도 이 말씀은 편협하고 배타적이며, 따라서 주님께서 선포하셨고 교회에서 선포하는 보편성에 어긋난다. 나아가 그들은 같은 내용이 반복되는 마태복음 15장 24절과 더불어 이 말씀이 지상 명령과도 상충된다고 보았다. 그래서 그들에 따르면 예수님이 선교를 유대인에게로 제한하신 것은 그분을 배척할 유대인들을 결국 단죄하기 위해서일 수밖에 없다. 이 학자들이 상상하는 그분의 논리는 이런 것이다. "나는 너희에게 기회를 주었다. 너희는 기회가 있었는데도 나를 배척했고, 그래서 망하는 것이다." 내가 보기에 이는 비기독교적인 설명이다.

두 번째 설명은 이것이 예수님의 말씀도 아니고 마태의 말도 아니라는 것이다(마태복음에 반복됨에도 불구하고). 학자들에 따르면 예수님은 모든 사람을 사랑하시니 이렇게 말씀하셨을 리가 없고, 복음서 저자인 마태도 (그리스도인으로서) 이방인 선교를 지지했을 테니 이렇게 말했을 리가 없다. 그래서 학자들은 이 진술이 예수님의 입이나 마태의 손에서 나오지 않았을진대, 마태가 참고한 원전에서 왔을 수밖에 없다고 본다.

학자들은 때로 M 문서를 말하는데, 이는 포도원 품꾼의 비유(마 20:1-15)와 열 처녀의 비유(마 25:1-12)처럼 마태복음에만 나오는 내용이 담겨 있는 가상의 문서다. 학자들의 결론대로라면 M 문서는 예수님을 따르던 유대인 중 고립된 소수가 작성한 것이며, 그들은 메시지를 독점하고 싶어 이방인의 참여를 막았다. 마태는 이 원전에서 그 말씀을 보고 인용했으나 거기에 동의하지는 않았다. 그래서 충실한 이방인을 많이 등장시키고 지상 명령으로 복음서를 끝맺었다.

이 주장의 문제점은 예수님을 따르던 이들이 이방인 선교의 개념을 거부했다는 확실한 증거가 없다는 것이다. 베드로가 사도행전 10장 28절에 "유대인으로서 이방인과 교제하며 가까이하는 것이 위법인 줄은 너희도 알거니와 하나님께서 내게 지시하사 아무도 속되다 하거나 깨끗하지 않다 하지 말라 하시기로"라고 한 것은 순전히 틀린 말이다. 이런 교제는 그때가 처음이 아니었다.

유대인과 이방인의 교제가 위법이라면—보다시피 베드로는 율법을 인용하지 않는데 이는 인용할 율법이 없기 때문이다—성전에 있던 '이방인의 뜰'은 말이 안 된다. 회당에서 이방인을 반기며 "하나님을 경외하는 사람들"이라 칭하던 것도 마찬가지다(예컨대 사도행전 13장 16, 26절을 참조하라). 유대인이 이방인과 교제할 수 없다면, 유대인 장로들이 백부장에 대해 "그가 우리 민족을 사랑하고 또한 우리를 위하여 회당을 지었나이다"(눅 7:5)라고 말하면서 예수님께 그의 종을 치유해 주시기를 청한 것은 괴상야릇한 일이 된다.

내가 알기로 예수님을 따르던 이들은 이방인 전도에 문제가 없었다. 이 운동에 새로 합류한 이방인이 앞으로 어떻게 할 것인가가 문제였다. 몇 가지 방안이 있었다. 그들은 유대교로 전면 개종해야 할까? 아니면 할례까지는 아니어도 음식 규정 등 일부만이라도 유대교 율법에 따라야 할까? 아니면 이방인으로 남되 지역 신이나 제국 신을 숭배하지 않고 유일하신 하나님께 오기만 하면 될까? (바울 서신과 사도행전 15장에서 보듯이) 마지막 견해가 우세하여 결국 공식 입장이 되었다.

요지는 이것이다. 이 말씀의 출처로 가상의 M 문서를 전제한 뒤 다시 M 공동체를 지어내 그들이 유대인만의 기쁜 소식에 이방인의 합류를 거부했다고 설명하는 이 가설은 내가 보기에 사상누각이다. 근거라고는 1세기 유대인의 삶에 대한 무지밖에 없다.

그렇다면 10장의 문제 구절과 15장에 반복되는 내용은 어디서 왔을까? 우선 예수님이 실제로 그렇게 말씀하셨을 수 있다. 두 본문은 그분이 유대인 메시아이심을 보여 준다. 내 생각에 그분도 자신을 메시아로 보셨다. 그래서 '기름 부음을 받은' 자로서('메시아'의 말뜻이 그것이며 헬라어로 번역하면 '그리스도'다) 이스라엘에 회개할 것과 마치 장차 올 메시아 시대에 이미 한 발을 들여놓은 양 살 것을 촉구하신다. 아마 그분도 천국의 기쁜 소식이 이스라엘에 전해지고 나면 하나님이 신성한 명령을 내려 사마리아인과 이방인을 불러들이시리라고 믿으셨을 것이다.

이 배타적 진술은 예수님이 이방인에게 가지 않으신 이유를 이방인 독자에게 설명하기 위해 마태가 그분의 입을 빌려서 쓴 것일 수도 있다. 그러면 일부 독자는 이런 생각이 들 것이다. "나는 유대인 저자인 마태가 예수님을 믿고 있거나 앞으로 믿을 유대인 신자들을 위해 유대인의 복음서를 썼다고 들었는데?" 물론 당신은 그런 말을 들었을 것이다. 지난 한 세기가 넘도록 마태의 정체와 대상 독자를 그렇게 보는 관점이 대중화되었으니 말이다. 그러나 마태가 유대인 독자만 염두에 두고 복음서를 썼다고 볼 만한 확실한 증거는 없다. 오히려 마태복음은 이방인이 대세를 이루던 2세기의 교회들에서 가장 널리 읽힌 복음서다. 사본 부수와 교부들의 인용 횟수가 그 증거다. 내 생각에 마태의 저작 대상은 누구든지 예수님을 더 알고 싶은 사람, 특히 율법에 충실하신 그분을 알고 싶은 사람이었다.

바울 등의 전도자들이 세운 이방인 모임들은 이방인에게 없던 유대인만의 관습—음식 규정, 안식일 준수, 남자의 할례, 순례 절기 등—을 대체로 실천하지 않았다. 그러다 보니 자연스럽게 예수님 자신은 율법을 어떻게 대하셨는가 하는 의문이 싹텄다. 그래서 마태는 율법을 폐하러 오신 것이 아니라 완전하게 하려 함이

예수의 어려운 말들

라는 예수님의 확언을 산상 수훈 초반부에 내걸었다(마 5:17).

대상 독자에 이방인이 점점 늘어나는 추세였으므로 마태는 예수님이 이방인 선교 지부를 세우지 않으신 이유를 설명해야 했다. 마태복음에서 그 설명은 2단계 선교로 기술된다. 첫째는 대상이 이스라엘 집의 잃어버린 양이고, 둘째로 지상 명령부터는 나머지 모든 사람이다. 이렇게 마태의 시간표는 "이 복음은 모든 믿는 자에게 구원을 주시는 하나님의 능력이 됨이라. 먼저는 유대인에게요 그리고 헬라인에게로다"(롬 1:16)라고 한 바울의 말과도 일치한다. 요컨대 마태복음 10장 5-6절과 15장 24절의 배타적 언명은 이방인을 배척하는 편견과는 무관하며, 오히려 그분의 시간표에 따라 이스라엘 백성에게 충실하신 하나님을 보여 준다. 이는 예수님이 이방인 선교에 착수하시기 이전까지의 실황 보고일 뿐이다.

복음서의 이 부분에서 마태가 우리에게 말해 주는 것이 하나 더 있다. 이 내러티브에 따르면 제자들이 실제로 선교를 수행하지는 않는데, 신학교에서 가르치기 전까지는 이 또한 내게 수수께끼였다. 앞서 보았듯이, 마태복음의 제자들은 선교 강화를 듣고도 선교를 가지 않고 예수님 곁에 머문다. 나의 많은 훌륭한 학생들은 세상을 구원하고 싶어 한다. 그런데 비유컨대 지상 명령을 들을 때까지 기다리지 않고 마태복음 10장의 선교 강화에서 곧장 시작하려 한다. 전도하려면 먼저 이야기의 전말을 아는 게 좋다. 마태가 보여 주는 제자들은 예수님 곁에 남아 있다. 아직도 배울 것이 많아서다.

"이스라엘 집의 잃어버린 양"

"잃어버린 양"이라는 말을 들으면 먼저 누가복음 15장 4-6절의 잃은 양의 비유가 생각난다. 마태복음에도 비슷한 비유가 있으나 마태의 버전에서는 주인이 양을 '잃는' 것이 아니다. 대신 예수님은 "만일 어떤 사람(NRSV는 '목자'로 과잉 해석했다)이 양 백 마리가 있는데 그중의 하나가 길을 잃었으면 그 아흔아홉 마리를 산에 두고 가서 길 잃은 양을 찾지 않겠느냐"라고 물으신다(마 18:12). 누가복음에서는 주인의 잘못이지만 마태복음에서는 양의 잘못이다. 양이 이런 데 신경 쓸 것 같지는 않지만, 그래도 (계속 양의 은유를 써서) 우리에서 스스로 벗어난 사람에게는 마태의 버전이 더 적합한 은유다.

그다음에 생각나는 것은 '위픈푸프 노래'(Wiffenpoof Song)의 "우리는 길 잃은 가엾은 어린 양, 매애! 매애! 매애!" 하는 후렴구다. 노래를 들으면서 속상했던 기억도 함께 떠오른다. 가엾은 아기 새는 엄마를 잃고, 순록 루돌프는 따돌림을 당하더니, 이번에는 어린 양이 길을 잃는다. 내 전공이 수의학이 아니라 성서학이기에 다행이지 그렇지 않으면 울음을 그칠 날이 없을 뻔했다.

다시 성경으로 돌아온다. 예수님은 제자들에게 선교를 "이스라엘 집의 잃어버린 양"에게로 국한하라고 말씀하신다. 사마리아인을 콕 집어서 배제한 이 구절에 암시된 대로, 적어도 마태에게는 사마리아인이 이스라엘의 일부가 아니었다. 그들이 북쪽 열 지파의 후손이고 스스로 그런 정체감을 품고 있었지만 말이다. 마가는 사마리아인을 언급한 적이 없고, 누가가 처음 소개하는 사마리아인은 예수님이 예루살렘을 향하여 가시는 유대인이라는 이유로 그분을 영접하지 않는다(눅 9:52-56). 그래도 누가복음에는 사마리아인이 부상당한 사람을 도와주는 유명한 비유와 예수께서 나병에 걸린 사마리아 사람을 치유해 주신 사건도 나온다. 사마리아 선교는 누가의 사도행전 8장에 가서야 비로소 등장한다.

어쩌면 마태복음 10장 5-6절과 15장 24절에 대한 보충 설명으로, 요한복음 4장에 예수께서 사마리아 여인과 나누신 대화가 나온다. 그녀의 주도로 사마리아 동네가 그분을 영접한 일도 함께 기록된다. 제자들은 대화 현장에 없었으므로 사마리아인들에게 전도한 사람은 그들이 아니다. 예수님이 직접 하셨다.

마태는 사마리아인을 "이스라엘 집의 잃어버린 양"의 범주에 포함하지 않으며, 거기에 모든 유대인을 포함하는지도 확실하지 않다. 이 문구를 어떻게 해석하느냐에 따라 온 이스라엘을 길 잃은 상태로 볼 수도 있고, 잃어버린 양을 전체 내의 특정 집단으로 좁힐 수도 있다. 구약은 온 이스라엘이 길을 잃었다고 해석하는 쪽이다. 소위 '종의 노래' 중 하나인 이사야 53장에 보면, "우리는 다 양 같아서 그릇 행하여 각기 제 길로 갔거늘 여호와께서는 우리 모두의 죄악을 그〔고난당하는 종〕에게 담당시키셨도다"라고 했다(6절). 그런데 예레미야 50장 6절(23장 1절과 비교하라)에는 잃어버린 양과 못된 목자들이 구분되어 있다. "내 백성은 잃어버린 양 떼로다. 그 목자들이 그들을 곁길로 가게 하여 산으로 돌이키게 하였으므로 그들이 산에서 언덕으로 돌아다니며 쉴 곳을 잊었도다." 에스겔 34장에도 똑같은 구분이 나온다. 예언자는 양 떼를 먹이지 않고 자기네 배만 불리던 "이스라엘 목자들"을 질타한다. 에스겔이 단죄하는 지도층은 "그 연약한 자를 강하게 아니하며 병든 자를 고치지 아니하며 상한 자를 싸매 주지 아니하며 쫓기는 자를 돌아오게 하지 아니하며 잃어버린 자를 찾지 아니하고 다만 포악으로 그것들을 다스"린 사람들이다(4절).

내 입장은 후자인 협의의 정의 쪽으로 기운다. 마태에게 이스라엘 집의 잃어버린 양은 지도층 때문에 길을 잃은 유대 민족이며, 마태복음에서 그 지도층은 바리새인과 사두개인과 대제사장들과 헤롯 당원과 '으뜸인 자들'과 로마 당국이다. 문제의 구절 바로 앞인 마태복음 9장 36절에 "〔예수께서〕 무리를 보시고 불쌍히 여기시니 이는 그들이 목자 없는 양과 같이 고생하며 기진함이라"라는 말씀이 있다. 마태는 무리를 지도층과 구분한다. 당대의 지배층이나 사회적 실세나 정치인을 유독 싫어했던 그에게, 잃어버린 양이란 길잡이와 역할 모델이 필요한 대중을 뜻한다.

'목사'(pastor)라는 단어는 '목초지로 데려가다'라는 뜻의 라틴어 동사 '파스케레'(pascere)에서 유래했다. 그러므로 목사는 인도하고 양육하는 사람이다. 목사는 양을 한 마리도 잃지 않도록 만전을 기해야 한다. 그러려면 일일이 세야 하고, 양에게 그들을 일일이 세고 인정하고 사랑한다는 느낌이 들게 해야 한다. 목사는 자기가 잃어버린 양을 찾아야 한다. 모든 성직자는 교인 하나하나에게 필요한 목회적 도움을 제대로 베풀지 못할 때가 있게 마련이기 때문이다. 물론 목사는 제 발로 길을 벗어난 양도 찾아야 한다. 즉 교회에 결석하는 사람, 회중의 조화를 깨뜨리는 사람(마태복음 18장에 공동체의 까다로운 구성원에게 대처하는 법이 나온다), 복음을 보는 관점이 비뚤어져 이웃과 나그네와 원수를 사랑하지 않고 남을 미워하는 사람 등이다.

　나는 회중을 '양'으로 보는 은유가 썩 내키지 않는다. "바리새인 되기 싫어. 바리새인은 부당해. 난 그냥 양이 될 테야." 어렸을 때 이 노래를 부른 사람들도 얼마든지 양보다 더 나은 존재가 될 수 있다. 회중은 양이 되어서는 안 된다. 그림 속에서야 귀엽지만 양은 고분고분하고, 말이 없고, 상상력도 없어 생각하지 않는다. 회중은 제자가 되어야 한다. 질문하고 설명을 요구하고 이의를 제기하고 발전해 나가야 한다. 나는 다음 세대 자녀들이 양이 되려 하지 않았으면 좋겠다. 방사선과 의사, 회계사, 전기 기술자, 배관공, 도서관 사서, 호텔 지배인 등 무엇이 되어도 좋지만 양만은 안 된다.

"자녀의 떡을 취하여 개들에게 던짐이 마땅하지 아니하니라"

내가 알기로 많은 사람에게 여태 살펴본 배타적 언명보다 더 당혹스러운 것은 예수님이 절박한 가나안 여인에게 하신 이 말씀이다. "자녀의 떡을 취하여 개들에게 던짐이 마땅하지 아니하니라." 나도 그 '더 당혹스러운' 사람 중 하나다. 그분은 귀신 들린 딸의 어머니를 무시하신 데 이어 "나는 이스라엘 집의 잃어버린 양 외에는 다른 데로 보내심을 받지 아니하였노라"라고 답하시더니(마 15:24), 급기야 그녀를 개에 빗대신다. 내가 보기에 이는 베드로의 장모의 병을 고치시고, 나병환자에게 손을 대서 낫게 하시고(이게 대단한 이유는 그런 접촉을 율법에 부정하다고 금해서가 아니라 '혐오감' 때문이다), 혈루증을 앓던 여인의 피를 멎게 하시고, 관리의 죽은 딸을 살리시고, 백부장의 아들(또는 종)을 치유해 주신 예수님과는 거리가 멀다. 게다가 예수님은 이미 오천 명을 먹이셨다(마태복음 14장 21절에 따르면 여자와 아이는 세지 않았다). 떡이 모자라서 문제라면 그분이 얼마든지 조달하실 수 있었다.

　이 부분에서 마태는 마가복음을 원전으로 삼았을 것이다(가상의 M 문서와 달리 마가복음은 실존했고, 대다수 성서학자들은 마태가 거기에 의존했다고 본다). 마가는 이 어머니를 "헬라인이요 수로보니게 족속"이라 기술했다(막 7:26. NRSV는 '헬레네스'를 '이방인'으로 번역했으나, '헬레니즘'에서처럼 '헬라인'(그리스인)이라는 뜻이다). 그녀는 누군가의 집에 계신 예수님께 다가와 귀신 들린 딸을 치유해 달라고 청한다. 소속 민족을 밝혀 놓은 것이 1세기 사람들에게는 확 와닿았을 것이다. 현재의 레바논 해안에 해당하는 지역에 분포했던 헬라인 정착촌들이 갈릴리 북단에 거주한 유대인들의 물자를 대거 소비했기 때문이다. 이 여자는 좋은 혈통으로 특혜를 누리던 사람이었다.

　마가의 버전에서 예수님은 "자녀로 먼저 배불리 먹게 할지니 자녀의 떡을 취하여 개들에게 던짐이 마땅치 아니하니라"라고 말씀하신다(막 7:27). 역시 모욕적인 발언이지만 그래도 귀신을 쫓아내 주실 여지가 조금은 남아 있다. "먼저 배불리 먹게"라는 표현 속에 자녀가 실컷 받고 나면 나머지는 개들 몫이라는 암시가 깔려 있다. 여자가 "주(퀴리오스)여, 옳소이다마는 상 아래 개들도 아이들이 먹던 부스러기를 먹나이다"라고 대답하자(28절) 예수님은 그 말을 칭찬하시며 아이가 귀신에게서 풀려났다고 선언하신다.

마태는 마가의 원문에 세부 사항을 많이 더한다. 이 여자는 더는 "헬라인이요 수로보니게 족속"이 아니라 "가나안" 사람이다. 이스라엘 땅(성경 초반부에서는 가나안 땅으로 불린다)의 원주민인 가나안 족속은 성경에서 대체로 우상 숭배자로 간주된다. 그녀가 "주 다윗의 자손이여, 나를 불쌍히 여기소서"(마 15:22)라고 애원한 것과 그런 그녀를 예수님이 일단 무시하신 것도 마태의 버전에만 나온다. 여담이지만 마태복음에서 누구를 막론하고 여성의 말이 직접 화법으로 소개된 곳은 여기가 처음이다. 그녀의 애원은 시편에 나오는 애통의 시 첫머리와 비슷하다. 예컨대 시편 6편 2절(히브리어와 헬라어의 운문화 처리에서는 3절)에 히브리어로 "여호와여, 내가 수척하였사오니 내게 은혜를 베푸소서"라는 표현이 나온다. 헬라어로는 "주여, 저를 불쌍히 여기소서"(엘레에손 메 퀴리에)로 번역되었는데, 여기에서 '퀴리에 엘레이손', "주여, 자비를 베푸소서"라는 기도문이 나왔다.

이어지는 마태의 기록을 보면 제자들(마가의 버전에는 등장하지 않는다)이 예수님께 "이 여자가 우리 뒤에서 자꾸 소리를 지르니 그녀를 풀어 주소서"(23절하, 나의 번역)라고 청한다. 헬라어 동사 '아폴루오'에 정말 '풀어 주다'라는 뜻이 있으나, NRSV는 "그녀를 보내소서"라고 옮겼다(개역개정에도 "보내소서"로 되어 있다─옮긴이). 이 구절은 제자들이 예수님께 아이를 귀신에게서 풀어 주시도록 중보 기도를 드린 것으로 해석해도 전혀 무방하다. 제자들이 매정했다고 해석할 것인지 아니면 긍휼히 여겼다고 해석할 것인지는 우리의 선택에 달려 있다(마가에 비해 마태는 제자들을 더 생각이 깨인 상태로 묘사하는 편이므로 나는 궁휼 쪽으로 기운다).

제자들의 요청에도 예수님은 (앞서 살펴본) 그 배타적 언명을 되풀이하신다. 이어 마가의 버전을 고쳐 "자녀로 먼저 배불리 먹게 할지니"를 빼 버리신다. 여자에게 전혀 여지를 남기지 않으신 것이다.

그래도 그녀는 물러서지 않는다. 예수님을 "다윗의 자손"이라 부른 데서 더 나아가 이제 그녀는 자신이 수로보니게 여인으로서 보였던 반응까지도 표현을 고친다. 마가복음에서 "자녀의 떡"이라고만 했던 그녀가 마태복음에서는 "주〔퀴리오스〕여, 옳소이다마는 개들도 **제 주인의 상에서** 떨어지는 부스러기를 먹나이다"(27절, 강조 추가)라고 말한다. 그녀는 예수님이 주인이시고 높으신 분이며 그분께 권능이 있음을 인정한다. 그러면서도 자신을 보살펴 달라고 강청한다.

그러자 그분은 정말 보살펴 주신다. 마가복음에서 그녀의 "말"을 칭찬하신 그분이 이번에는 "믿음"을 칭찬하시면서 아이가 나았다고 선언하신다. 실제로 "그때로부터 그의 딸이 나으니라"(28절)라고 되어 있다. 마가의 이야기에서는 어머니가 집에 돌아가 보니 딸이 건강해져 있었는데, 마태복음은 어린 딸이 시종 엄마 곁에―또한 예수님 곁에―있었을 가능성을 열어 둔다.

예수님은 귀신을 쫓아내셨지만, 여전히 우리에게는 배타적 언명과 더불어 이 여자를 개에 빗대신 말씀이 남아 있다.

역시 성서학자들은 이 가혹해 보이는 말씀을 설명하거나 적당히 둘러대려 했다. 마태가 쓴 '개'(쿠나리온)라는 단어가 '작은 개'나 '강아지'를 뜻한다는 일각의 지적은 맞지만, 그래서 그것이

예수의 어려운 말들

애칭이라는 말에는 동의할 수 없다.

내게도 개가 있다. 래브라도 리트리버와 푸들을 교배한 종으로 몸무게가 10킬로그램도 되지 않는다. 이름은 '모리'인데 부자와 나사로의 비유 중 누가복음 16장 21절의 흠정역 번역에서 따왔다. 예수님은 가난한 나사로가 "그 부자의 상에서 떨어지는 것으로 배불리려 하매 심지어 개들이 와서 그 헌데를 핥더라"라고 말씀하신다. 처음에 나는 '심지어 개들이'(moreover the dogs)를 '모어로버라는 개'(Moreover, the dog)로 들었다. 거기서 모리(Morey)가 나왔다. 나는 우리 개를 사랑하지만 내가 개에 빗대지고 싶지는 않다. 많은 페미니스트 독자들이 지적했듯이 여자를 '작은 개'라 불러도 그냥 '개'라 부르는 것보다 하등 나을 게 없다. '여성 개'를 칭하는 더 정확한 단어도 있지만, 그것은 이 경우만 아니라 다른 어디에서도 모욕적이고 부적절한 표현이다('bitch'는 본래 '암캐'라는 뜻이지만 흔히 '음란한 여자'에 해당하는 욕설로 쓰인다—옮긴이).

어떤 학자들은 예수님이 이 여자에게 제대로 된 믿음이 있나 보려고 시험하셨다고 말한다. 그녀는 유대인이 아닌 가나안인이고 예수님을 따르던 사람도 아니었으니 말이다. 역시 동의할 수 없다. 애초에 예수님께 왔다는 사실 자체가 그녀에게 믿음이 있다는 증거다. 게다가 예수님은 어느 누구에게도 병을 고쳐 주시기 전에 '믿음을 시험하신' 적이 없다.

어떤 학자들은 그분이 장난으로 그러셨거나 말씀하실 때 입가에 미소를 띠며 눈을 찡긋하셨다고 말한다. 말도 안 된다. 내가 만일 자식의 병을 고치려고 아이를 병원에 데려간 절박한 엄마라면(마가의 이야기에서는 아이가 집의 침상에 누워 있다. 참조 막 7:30), 접

수 간호사나 응급실 의사에게 무시당하고 자기네 담당이 아니라며 개라고 불리기를 원하지 않을 것이다.

아무리 좋게 보려 해도 예수님의 이 말씀은 문제가 있어 보인다. 학자들의 주석에 도움을 청해 보아도 매번 근거 없는 반유대적인 해석들에 부딪친다. 어떻게든 유대교를 깎아내려서 예수님을 돋보이게 하려는 주석가들을 볼 때마다 나는 어이가 없다. 굳이 우리가 그분의 민족과 전통을 그분과 부정적으로 대비시키지 않아도, 내 생각에 예수님은 이미 훌륭하신 분이다.

예컨대 '개'가 이방인을 욕하는 말로 통용됐다는 해석이 자주 보이는데 그렇지 않다. '개'는 아무에게나 반감을 표하던 욕설이었다. 유대인(또는 마태의 유대인 조상)이 이방인을 본래 미워했기 때문에 유대인인 예수님도 기독교의 보편성을 새로 배우셔야 했다는 말도 들린다. 이 또한 억지다. 앞서 보았듯이 이방인은 회당과 예루살렘 성전에 이미 받아들여지고 있었다. 더 교묘하지만 아마도 여전히 틀린 이런 설명도 있다. 예수님이 그 여자를 견유학파(犬儒學派)에 빗대셨다는 것인데, 그리스 철학의 이 학파는 사회 관습을 경멸해서 '개'라는 단어에서 이름을 따왔다. 내가 보기에 그녀는 견유 철학자의 전형이 아니라 절박한 엄마였다. 그런가 하면 성 아우구스티누스는 이 여자에게서 기꺼이 개라 불리는 겸손의 미덕이 보인다고 해석했다. 그럴지도 모르지만 내게는 그녀가, 예수님을 통해 귀신을 쫓아낼 수만 있다면 못할 일이나 못할 말이 없어서 그랬다고 보인다.

마태는 도대체 무슨 이유로 예수님을 이처럼 지독히도 긍휼이 없는 분으로 그려 냈을까? 서로 배타적이지 않은 네 가지 설명

예수의 어려운 말들

이 떠오른다. 당신도 생각나는 게 더 있을 수 있다. 첫째로, 마태는 이 가나안인 어머니를 예수님의 족보 속의 적어도 두 여인과 연결시켰을 수 있다. 이방인인 라합과 다말은 자신과 짝지어진 이스라엘 남자들의 반응이 더딜 때 직접 행동에 나섰다.

여호수아 2장과 6장에 보면 여리고 성의 가나안 여자인 기생 라합은 이스라엘 정탐꾼들을 숨겨 주고, 복음성가 가사대로 "여호수아가 여리고 성을 칠" 때 자기 집안을 구해 낸다. 여호수아가 광야에서 여리고로 두 정탐을 보냈을 때 그들이 처음 간 곳이 라합의 매음굴이다. 무기고를 살핀 게 아니다. 라합은 믿음이 부족한 그들을 여리고 왕에게서 보호할 뿐 아니라 그들에게 이스라엘의 구원 역사까지 들려준다. "이는 너희가 애굽에서 나올 때에 여호와께서 너희 앞에서 홍해 물을 마르게 하신 일[을]…… 우리가 들었음이니라.…… 너희의 하나님 여호와는 위로는 하늘에서도 아래로는 땅에서도 하나님이시니라"(수 2:10-11). 이스라엘인들은 믿음이 부족한데, 타나크(기독교에서 말하는 구약)의 수많은 '의로운 이방인' 중 하나인 라합은 믿음이 넘쳐난다. 그래서 마태가 15장에 "가나안 여자"를 언급할 때 독자들은 의로운 이방인 여자와 또 약간 궤도를 벗어난 듯한 유대인 남자를 예상하게 된다.

마태의 족보에 등장하는 가나안 여자가 또 있다. 신약에 언급된 최초의 여성인 다말은 시아버지 유다를 속여 그와 성관계를 맺는다. 이전의 두 남편(유다의 아들들)이 죽었는데도 유다는 남아 있는 한 아들을 다말과 결혼시키지 않는다. 두 아들이 죄를 지어 요절했다고 생각하기보다는 며느리를 탓하는 쪽이 더 쉬웠을 것이다. 다말이 그 집안의 아이를 낳아 아브라함의 계보를 이으려 했는지 아니면 유다를 괘씸하게 여겼는지는 독자의 몫으로 남겨 두겠다. 어쨌든 그녀는 임신했고, 이 사실을 알게 된 유다는 며느리(관계는 지속된다)를 산 채로 불사르려 한다. 처형 장소로 끌려갈 때 다말은 유다의 도장과 지팡이를 내보여 그가 태아의 아버지임을 증명한다. 이번에는 유다도 제대로 반응한다. 자기보다 그녀가 더 "옳도다"("의롭도다", 마태가 좋아하는 단어다)라고 인정한 것이다. 다말이 낳은 쌍둥이 중 하나가 다윗 왕의 선조가 된다. 이번에도 가나안 여자는 신의를 보이는데, 그녀와 짝지어진 이스라엘 남자는 주저하거나 수동적이다. 우리가 살펴보고 있는 마태복음 15장에도 같은 주제가 변주된다. 그 전에 마태복음 8장에서도 모양만 다를 뿐 우리의 친구 백부장에게서 의로운 이방인이라는 주제를 볼 수 있다. 앞서 보았듯이 예수님은 그에 대해 "내가 진실로 너희에게 이르노니 이스라엘 중 아무에게서도 이만한 믿음을 보지 못하였노라"라고 말씀하셨다(마 8:10).

본문을—특히 "헬라인이요 수로보니게 족속"이 "가나안" 사람으로 바뀐 것을—이해하는 두 번째 방법은 이 여자가 옛 이스라엘의 원수를 회상하면서 그 기억을 탈바꿈시킨다고 보는 것이다. 마태복음이 유대인 특유의 방식으로 가르쳐 주는 것이 있다. 한 세대의 원수가 다음 세대에는 친구가 될 수 있다는 것과 우리가 사람을 볼 때 소속 집단의 대표로(만) 보지 않고 개인으로—예컨대, 라합으로—본다는 것이다. 가나안인인 다말과 라합, 모압 사람 룻, 헷 사람 우리야(밧세바의 남편으로 역시 이 족보에 거명된다)는 모두 예수님의 족보에 올라 그분의 선교의 특수성과 보편성 둘 다에 기여했다.

예수의 어려운 말들

마태복음의 가나안 여자와 그녀가 딸의 치료를 얻어 내느라 겪은 어려움을 이해하는 세 번째 방법은 그녀의 이야기에서 비슷한 어려움을 당했던 성경의 다른 어머니들을 떠올리는 것이다. 예수님이 누가복음 4장의 회당 설교에 언급하신 유명한 "사르밧의 과부"가 있다. 아들이 죽을병에 걸리자 그녀는 선지자 엘리야에게 가서 아들의 병을 그의 탓으로 돌린다. 엘리야는 "내 하나님 여호와여, 주께서 또 내가 우거하는 집 과부에게 재앙을 내리사 그 아들이 죽게 하셨나이까"(왕상 17:20)라고 기도한 뒤 아이를 살려 낸다. 열왕기상 14장 1-14절에서는 이 주제가 충격적으로 반전된다. 여로보암 왕의 아내가 예언자 아히야를 찾아가 아들을 치유해 달라고 하자, 그는 거부하면서 아이가 죽을 것과 왕위가 다른 가문으로 넘어갈 것을 예언한다. 열왕기하 4장 8-37절에 나오는 수넴의 "귀한 여인"(8절, 히브리어로 '이샤 그돌라', 헬라어로 '귀네 메갈레', NRSV에는 '부유한 여자')은 아들이 죽자 예언자 엘리사를 찾아간다. 엘리사가 사환을 대신 보내려 하자 "아이의 어머니가 이르되 '여호와께서 살아 계심과 당신의 영혼이 살아 계심을 두고 맹세하노니 내가 당신을 떠나지 아니하리이다'"라고 해서 "엘리사가 이에 일어나 여인을 따라"갔다(30절).

　　랍비 문헌과 이교 문헌과 이후의 기독교 문헌에도 비슷한 이야기들이 나온다. 회당장 야이로를 비롯한 절박한 아버지들의 사연도 있다. 이런 이야기가 우리에게 일깨워 주듯이 자녀는 죽는다. 고대 세계에서 사춘기 이전의 아동 사망률은 약 50퍼센트에 달했다. 이런 이야기는 또 부모란 으레 걱정하고 간청하고 애통한다는 사실도 일깨워 준다. 자녀는 하찮거나 있으나 마나 한 존재로 일축되지 않는다. 이 모든 이야기는 부모의 근심과 슬픔을 말해 주며, 이는 그런 아픔이 부정되지 않고 허용된다는 뜻이다.

네 번째이자 내가 특히 좋아하는 해석은 이 여자를 예수께서 가르치신 산상 수훈의 본보기로 보는 것이다. "누구든지 네 오른편 뺨을 치"며(마 5:39) 모욕하고 불쾌하게 무시하거든, 폭력을 폭력으로 갚지 말되 그렇다고 물러나지도 말라. 마태는 이 여자가 예수님 앞에 무릎을 꿇었다고 했는데(NRSV. 개역개정에는 "절하며"로 되어 있다), 그야말로 버티는 모습이 연상된다. 그녀는 모욕을 고스란히 받아들이면서 예수님의 말씀을 그분께 돌려드린다. "저를 개라고 불러도 좋습니다. 하지만 개들도 부스러기를 먹습니다."

그녀의 끈덕짐과 영리함에서 우리는 상대가 내 말을 들어줄 때까지 물러나지 않고 싸우는 법을 배운다. 그녀는 예수님이 처음에 무시하실 때도 물러나지 않았고, 이스라엘 집의 잃어버린 양에게만 보냄 받으셨다고 말씀하실 때도 물러나지 않았고, 자신을 개라고 부르실 때도 물러나지 않았다. 자녀를 위해 도움을 청하다가 "서류가 미비하네요", "보험이 필요합니다", "돈이 없으시군요"라는 말을 듣는 모든 사람에게 그녀는 좋은 귀감이다.

예수님 쪽도 마찬가지다. 산상 수훈의 팔복 중 "온유한 자는 복이 있나니"(마 5:5)에서 "온유한" 사람이란 권한과 지위가 있는데도 기꺼이 사회적 약자의 말을 들어주는 사람이다.[1] 마태복음에서 예수님은 모든 지위를 갖추신 분이다. 가나안 여인의 말대로 "주"이시고 "다윗의 자손"이시다. 그런데도 그분은 처음에만 주저하셨을 뿐 기꺼이 이 여자의 말을 들어주신다. 이로써 그분은 그

때와 지금의 제자들에게, 성직자에게, 의료 종사자에게, 물론 교수에게도 본보기가 되신다. 우리는 시간이 없다고 생각할지 모르고, 마음이 내키지 않을 수 있고, '이 사람'을 하찮거나 주목할 가치가 없다고 여길지도 모른다.

그분을 본받으라. '이 사람'도 하나님의 형상과 모양대로 지음 받은 존재다.

"그러므로 너희는 가서 모든 민족을 제자로 삼아"

부활하신 예수님은 지상 명령을 통해 사명의 초점을 옮기신다. 사마리아인과 이방인에게 거리를 두시던 그분이 이제 '판타 타 에스네'에게 문호를 활짝 여신다. 이 문구는 흔히 "모든 민족"으로 번역되는데, 그 통상적 번역도 마태의 헬라어의 적절한 해석이지만 내 생각에 이 구절에서는 "모든 민족"이 아니라 "모든 **이방인**"으로 옮겨져야 한다. '이방인 제외'에서 '모든 이방인'으로 확장되는 선교는 예수님 자신의 지위가 변화된 결과다. 바로 앞 구절인 마태복음 28절 18절에서 그분은 제자들에게 "하늘과 땅의 모든 권세를 내게 주셨으니"라고 말씀하신다. 그분이 충실하게 십자가를 지고 수모와 고통을 당하여 많은 사람의 대속물로 죽으셨기에(마 20:28) 이제 "모든 권세"가 부활하신 그리스도께 있다. 이 권세의 여파로 선교의 초점이 바뀐다. 드디어 이방인 선교가 시작되는 것이다.

마태복음의 지상 명령은 바울이 빌립보서 2장 9-11절에 인

용한 '그리스도 송가'와 일맥상통한다. 바울의 설명대로 예수께서 죽기까지 충성하셨기에,

> 이러므로 하나님이 그를 지극히 높여
> 모든 이름 위에
> 뛰어난 이름을 주사
> 하늘에 있는 자들과 땅에 있는 자들과
> 땅 아래에 있는 자들로 모든 무릎을
> 예수의 이름에 꿇게 하시고
> 모든 입으로 예수 그리스도를
> 주라 시인하여
> 하나님 아버지께 영광을 돌리게 하셨느니라. (빌 2:9-11)

일찍이 예수님은 제자들에게 명하시기를 "이스라엘 집의 잃어버린 양"에게 전파하게 하셨다. 그 명령은 폐기되지 않고 오히려 이방인과 필시 사마리아인에게로 확장되었다. 이제 초점이 이방인에게 있으므로 이방인의 입회식은 "아버지와 아들과 성령의 이름으로" 세례를 받고(마 28:19) 예수님의 가르침을 배우는 것이다(20절상).

마태는 유대인 대상의 선교가 계속된다는 것도 알았고, 에클레시아 곧 교회의 미래가 이방 민족들에게 달려 있다는 것도 알았다. 이렇게 마태복음의 예수님은 갈릴리의 어느 산꼭대기에서 베드로 일행에게 명하여, 복음 곧 기쁜 소식을 유대인이 아닌 사람들에게 전파하게 하신다.

예수의 어려운 말들

특수성과 보편성의 공존

처음에 예수님이 선교를 이스라엘 집의 잃어버린 양에게로 제한하신 것은 편견에 사로잡히셨거나 외국인을 배척하셨기 때문이 아니다. 그분은 자신의 전통에 충실하셨을 뿐이다. 마태복음은 유대인과 이방인 양쪽 모두의 정체성을 중시하면서, 우리 또한 각자의 정황 속에서 다양한 차이를 인정할 뿐 아니라 경축하도록 모형을 제시한다.

　유대교 전통에서는 바울의 표현으로 메시아가 먼저는 유대인에게요 그리고 헬라인에게로 오신다고 보았는데, 예수님은 선교를 제한하시는 동안 이 전통에도 충실하셨다. 아브라함과 이삭과 야곱―그리고 다말의 도움으로 유다―의 후손은 자신들의 전통과 신앙을 지켰다. 바울이 말한 대로다. "그들은 이스라엘 사람이라. 그들에게는 양자 됨과 영광과 언약들과 율법을 세우신 것과 예배와 약속들이 있고 조상들도 그들의 것이요 육신으로 하면 그리스도가 그들에게서 나셨으니 그는 만물 위에 계셔서 세세에 찬양을 받으실 하나님이시니라. 아멘"(롬 9:4-5).

　가나안 여인을 무시하고 막고 거부하는 과정에서 예수님은 온유하신 왕의 본을 보이셨고 그녀를 산상 수훈의 귀감으로 세우셨다. 그래서 우리가 예수님과 이 여자 둘 다에게서 배우는 것은 특수성의 구분도 중요하지만 병든 아이를 치료할 때는 구분이 무의미하다는 것이다.

5

—

바깥 어두운 데로 내쫓으라

내세에 대한 해석은 유익한가

"이 무익한 종을 바깥 어두운 데로 내쫓으라. 거기서 슬피 울며
이를 갈리라."

— 마태복음 25장 30절

퓨 리서치 센터에 따르면 미국인의 58퍼센트는 지옥의 실존을 믿
는다. 종교 집단 별로 나누어 보면, 복음주의 개신교와 '전통 흑인
개신교'가 82퍼센트로 가장 높고, 미국 이슬람교 76퍼센트, 천주
교 63퍼센트, 주류 개신교 60퍼센트, 정교회 59퍼센트 순이다. 7퍼
센트인 여호와의 증인을 제외하고 지옥의 실존을 가장 덜 믿는 집
단은 유대교로 22퍼센트에 그친다.[1]

나는 지옥을 믿지 않는 78퍼센트의 미국 유대교인에 속한다.
그래도 지옥이라는 개념은 마음에 든다. 은혜가 떨어질 때면 나는
머릿속으로 즐겁게 사람들에게 지옥을 선고한다. 그러다 중단한

예수의 어려운 말들

다. 그런 생각이 은혜롭지 못한데다가 영원한 고통이 누구에게도 도움이 되지 않겠기 때문이다. 사후에 지옥의 형벌이나 천국의 상급이 있을지에 대해서라면 나는 끝까지 굳이 알고 싶지 않다. 이 땅에서 하루하루 살아가는 것만도 충분히 복잡하다.

회당에서 자라면서 나는 '지옥'이란 단어를 들은 기억이 없다. 예외라면 누군가가 욕할 때였는데 그나마도 별로 들을 일이 없었다. "지옥에나 가라"라는 표현을 들으며 거기가 나쁜 데라는 거야 알았지만, 지옥이 무엇이며 어디에 있는지는(뉴욕이나 러시아 어딘가에?) 몰랐다. 내가 "슬피 울며 이를 가는" 데 가장 근접했던 때는 처음으로 충치가 생겨 치과의사의 드릴을 마주했을 때였다.

내가 지옥에 처음 매료된 것은 신약을 읽으면서가 아니었다. 아마 영원한 저주가 신약의 큰 주제가 아니기 때문일 것이다. 그보다 스미스 대학의 영어과 신입생 시절에 교양 필수 문학 과목에서 단테의 서사시 『신곡』을 읽어야 했다. 나는 그 책에 푹 빠졌다. 자신의 원수들에게 안겨 주고 싶은 끔찍한 운명을 책으로 쓴다는 개념이 기발해 보였다. 더욱이 작가가 싫어하는 사람들의 영원한 고통을 묘사한 「지옥편」의 등장인물 군이(얼마나 통쾌한 복수인가!) 「연옥편」이나 「천국편」보다 훨씬 재미있었고, 안내인으로서도 베아트리체보다는 베르길리우스가 더 호기심을 자아냈다.

단테를 공부하다 보니 지옥에 대한 그의 다채로운 묘사에 활용된 자료들이 도로 나를 신약 앞에 데려다 놓았다. 내가 신약에서 내세에 대한 말씀을 살펴본 것은 비단 학문적 탐구만은 아니었다. 그즈음 많은 그리스도인 친구가 내게 최후의 심판을 화제로 삼았다. 그중 더러는 내가 예수님을 주님과 구주로 영접하지 않으면 영원한 저주를 피할 수 없다며 우려했고, 더러는 자신이 어떤 죄를 지었거나 신경(信經)을 의심한 것 때문에 최후 심판 때 실격될 것을 두려워했다. 요컨대 성경이 말하는 영원한 저주를 공부하는 것은 학술 연구로서만이 아니라 위로와 확신을 얻는 데도 필요하다. 이 주제는 신정론(theodicy. 헬라어로 '신'을 뜻하는 '테오스'와 '정의'를 뜻하는 '디케'가 합성된 말인데, 나의 학생들 몇은 신정론을 『일리아드』의 속편으로 정의하기도 했다)의 문제를 야기한다. 정의의 하나님이 어떻게 악인의 형통과 의인의 고난을 허용하실 수 있는가? 아울러 윤리 문제도 야기한다. 우리가 **원하는** 결말은 무엇인가? **우리가** 생각하는 정의란 무엇인가?

　　예수님의 생각을 분별하려면 하나님의 정의, 사후의 삶, 비유의 해석법 등에 대한 다양한 견해에 주목해야 한다. 그분이 악인의 영혼이 지옥 불에서 소멸된다고 보셨는지 아니면 "바깥 어두운데"(영원한 불과 모순되어 보인다)에 던져져 "슬피 울며 이를 갈" 거라고 보셨는지는 계속 쟁점으로 남을 것이다. 우리로서는 증거를 저울질하여 각자 결론을 내리는 것이 최선이다. 차차 보겠지만 때와 본문에 따라 묘사도 달라진다. 그러므로 결국 우리가 믿을 내용은, 어떤 본문을 강조하고 어떤 본문을 제쳐 둘 것이며 각 본문을 어떻게 번역하고 해석할 것인지에 달려 있다.

스올, 아바돈, 게헨나

구약에는 사후의 형벌과 상급이 거의 언급되지 않는다. 구약의 초점이 삶—과거의 교훈, 현재의 행실, 미래의 소망—에 있기 때문이다. 죽으면 누구나 스올 내지 아바돈으로 간다는 것이 고대 이스라엘의 사상이었다. 적어도 구약의 본문으로 재구성할 수 있는 정도는 그렇다. 즉 사후에는 반쯤 살아 있는 어렴풋한 상태로 캄캄한 곳에 하나님과 떨어져 있고 고통이나 쾌락도 없다.

둘 중 더 잘 알려진 표현인 '스올'은 이미 창세기 37장 35절부터 등장한다. 사랑하는 아들 요셉이 죽었다는 허위 보고를 듣고 야곱이 애통하는 장면이다. "그의 모든 자녀가 위로하되 그가 그 위로를 받지 아니하여 이르되 '내가 슬퍼하며 스올로 내려가 아들에게로 가리라' 하고." 스올은 의인과 악인 할 것 없이 죽은 사람이 가는 곳이다.

여기서 또 번역 문제가 발생한다. 구약의 히브리어를 헬라어로 처음 번역한 사람들은 스올을 '하데스'로 옮겼는데, 하데스는 죽은 자들을 관장하는 신의 이름이자 그가 다스리는 저승 왕국이다. 그래서 사도행전 2장 27절에서 베드로가 시편 16편 10절을 인용하여 "이는 내 영혼을 음부〔헬라어로 '하데스'〕에 버리지 아니하시며"라고 말했을 때도 히브리어 원어는 스올이다.

역어에는 불필요한 찌꺼기가 따라붙게 마련이다. 그리스 신화에서 하데스는 탄탈로스가 머리 위에 열린 과일도 따먹을 수 없고 물속에 서서 물도 마실 수 없는 곳이다. 누가복음 16장의 비유에 나오는 부자와 비슷한 상태다. 시지포스는 자꾸 굴러 내려오는 바위를 계속 밀어 올려야 하고, 다나오스의 딸 50명은 절대로 채울 수 없는 밑 빠진 독에 물을 부어야 한다. 이런 이야기에는 죄에 상응하는 벌이 등장하여 상상력을 자극한다.

번역은 성경에 '지옥'이 언급되는 횟수에도 영향을 미친다. 흠정역은 히브리어 단어 스올을 '지옥'(hell)으로 번역했다. 예컨대 다윗의 시 한 소절인 사무엘하 22장 6절이 흠정역에는 "지옥의 슬픔이 나를 두르고 사망의 올무가 나를 막았도다"라고 되어 있다. 히브리어 원어는 지옥 불이나 고통의 의미가 내포되지 않은 그냥 스올이다. 그래서 흠정역이나 거기에 의존한 역본들을 읽는 그리스도인에게는 구약에 '지옥'이라는 말이 널려 있다. 유대교 경전 타나크(구약)를 읽는 유대교인은 그 단어를 볼 일이 없다.

'아바돈'은 스올의 동의어다. 이 명칭은 히브리어로 '파멸의 장소'라는 뜻이며 구약에서는 지혜 문학에만 등장한다. 단어의 뜻과 달리 아바돈은 사후의 삶보다 하나님의 능력을 더 말해 준다. 예컨대 잠언 15장 11절에 "스올과 아바돈도 여호와의 앞에 드러나거든 하물며 사람의 마음이리요"라는 말씀이 있다. 욥기 26장 6절에서도 단어의 역할이 비슷하며 역시 비중도 작다("하나님 앞에서는 스올도 벗은 몸으로 드러나며 멸망〔아바돈〕도 가림이 없음이라." 참조 욥 31:12, 시 88:11). 욥기 28장 22절에서는 의인화된 "멸망〔아바돈〕과 사망"이 말하기를 "우리가 귀로 그 소문은 들었다"라고 하는데, 여기서 "그"는 하나님이 지키시는 지혜의 원천이다. 이사야 28장 15절에도 "너희가 말하기를 '우리는 사망과 언약하였고 스올과 맹약하였은즉……'"이라는 의인화 표현이 나온다.

구약 시대를 지나면 아바돈은 장소보다 사람의 의미를 더 띤다. 예컨대 한 사해 사본(4Q280 10.2.7)에 "무저갱의 사자와 아바돈의 영"이라는 표현이 나온다. 이런 의인화는 요한계시록 9장 11절을 통해 신약에도 유입된다. "그들에게 왕이 있으니 무저갱의 사

예수의 어려운 말들

자라. 히브리어로는 그 이름이 아바돈이요 헬라어로는 그 이름이 아볼루온이더라."

　히브리어 원문의 스올과 아바돈은 역설적이게도 죽음보다는 죽음에서 건짐 받은 사람을 가리킬 때가 많다. 사도행전 2장 27절에 인용된 시편 16편 10절에서 이미 이 개념을 보았다. "이는 내 영혼을 음부(헬라어로 '하데스')에 버리지 아니하시며." 다시 말하지만, 히브리어 원어는 스올이다. 한나는 기도 중에 "여호와는 죽이기도 하시고 살리기도 하시며 스올에 내리게도 하시고 거기에서 올리기도 하시는도다"(삼상 2:6)라고 선포한다. 시편 30편 3절에는 "여호와여, 주께서 내 영혼을 스올에서 끌어내어 나를 살리사 무덤으로 내려가지 아니하게 하셨나이다"라는 고백이 나온다. 시편 86편 13절 말씀도 비슷하다. "이는 내게 향하신 주의 인자하심이 크사 내 영혼을 깊은 스올에서 건지셨음이니이다." 자신이 "많은 사람의 대속물"로 죽으신다고 하신 예수님의 말씀(마 20:28, 막 10:45)은 시편 49편 15절과 일맥상통한다. "그러나 하나님은 나를 영접하시리니 이러므로 내 영혼을 스올의 권세에서 건져 내시리로다(대속하시리로다, NRSV)."

　이런 구절이 그 밖에도 많은데 모두 시편의 아마도 가장 유명한 23편과 밀접하게 연관되어 있다. "여호와는 나의 목자시니"로 시작되는 그 시의 4절에 "내가 사망의 음침한 골짜기로 다닐지라도 해를 두려워하지 않을 것은 주께서 나와 함께 하심이라"라는 대목이 있는데, 히브리어로 "사망의 음침한 골짜기"는 스올로도 불린다. 칠십인역(거기서는 22편이다)에는 "사망의 그늘 속"으로 옮겨져 있다.

끝으로, 대개 '지옥'으로 번역되는 '게헨나'는 히브리어 '가이' (골짜기)와 그 동산 주인의 이름 '힌놈'에서 유래했다. 구약에 보면 그 주인이 정확히는 "힌놈의 아들"인데, 이름이 미상인 게 오히려 다행인지도 모른다. 그 장소는 여호수아 15장 8절에 처음 언급된다. "또 힌놈의 아들의 골짜기로 올라가서 여부스 곧 예루살렘 남쪽 어깨에 이르며." 현재의 가장 인접한 동네는 이스라엘 정부와 팔레스타인 정부의 분쟁 지역인 실완(Silwan)이다.

이렇듯 구약에 악인의 영원한 형벌이라는 의미의 지옥은 전혀 언급되지 않으며, 의인의 운명에 대한 말도 거의 없다. 다니엘서와 이사야 24-27장에 사후 부활의 가능성이 처음 제시되었고, 그리하여 예수님 당시인 1세기의 유대인은 부활을 널리 믿었다. 바리새인도 이 개념을 퍼뜨렸다. 그런데 부활에 최후 심판의 개념이 따라오면서 결국 최후 형벌로까지 이어지게 된다.

스올에서 시작하여 사후의 상급과 형벌에 이르기까지

예수님 당시인 1세기의 많은 유대인은 선이 악을 이길 것과 그에 따른 사후의 심판을 굳게 믿었다. 조로아스터교를 믿던 페르시아의 지배(기원전 538-333년)에서부터 그리스 셀레우코스 왕조(기원전 333-165년)를 거쳐 마침내 로마의 통치로 이어진 긴 세월이 그런 사조에 일조했다. 아울러 순교에 대한 설명도 필요했다. 신앙 때문에 죽은 사람들이 어떻게 신원(伸寃)되지 않을 수 있으며, 충실한 유대교인을 처형한 사람들이 어떻게 책임을 면할 수 있겠는

예수의 어려운 말들

가?

기원전 2세기에 그리스령 시리아(셀레우코스)의 통치자인 안티오쿠스 4세 에피파네스는 할례와 음식 규정 같은 유대교 고유의 관습을 뿌리 뽑으려 했고, 예루살렘의 일부 상류층 유대인도 여기에 적극 가담했다. 결국 그들의 금령이 이른바 마카베우스 봉기의 도화선이 되었다.

이런 무도한 강압을 계기로 출현한 것이 헬라어로 '계시'를 뜻하는 일종의 '묵시' 문학이었다. 그런 문서에는 천국의 계시와 기묘한 환상이 주를 이루면서 의인과 악인의 운명이 자주 언급된다. 그러나 취지는 천국이나 미래나 저승을 보여 주려는 것이 아니라 독자에게 장차 그들이 신원되고 악이 패망한다는 소망을 주려는 것이었다. 묵시 문학은 우리에게 하나님이 주관하고 계시니 우리가 당하는 박해도 헛되지 않으며 마침내 정의가 이긴다는 확신을 준다.

다니엘 7-12장은 안티오쿠스 4세 에피파네스 시대인 기원전 165년경에 기록된 묵시 문학인데, 저자는 "큰 군주" 미가엘 (Michael)이 와서 메시아 시대를 열 것이라고 말한다(이 미가엘을 1996년 영화 〈마이클〉(Michael)에서 존 트라볼타가 배역을 맡았던 털갈이하는 천사가 아니라 이스라엘의 수호천사로 생각하라). "또 환난이 있으리니 이는 개국 이래로 그때까지 없던 환난일 것이며"(단 12:1 하). 이 환난은 바벨론의 느부갓네살이나 벨사살—다니엘 1-6장에 기록된 민간 설화 시대—의 만행이 아니라 기원전 2세기 중엽에 자행된 만행을 가리킨다.

저자의 말은 이렇게 이어진다. "그때에 네 백성 중 책에 기록된 모든 자가 구원을 받을 것이라. 땅의 티끌 가운데에서 자는 자 중에서 많은 사람이 깨어나 영생을 받는 자도 있겠고 수치를 당하여서 영원히 부끄러움을 당할 자도 있을 것이며 지혜 있는 자는 궁창의 빛과 같이 빛날 것이요 많은 사람을 옳은 데로 돌아오게 한 자는 별과 같이 영원토록 빛나리라"(단 12:1하-3). 별과 같은 의인은 영생을 받는데, 이때 "영생"의 반대는 영원한 고통이 아니라 수치와 부끄러운 평판이다. 의인은 계속 빛나지만, 하나님이 판단하시기에 언약을 어긴 사람은 불이 꺼지듯 소멸된다.

같은 시대를 담아낸 마카베오2서라는 책에 보면, 7형제가 돼지고기를 먹기를 거부하다가 고문당하여 죽는 과정이 (소름 끼치도록 자세히) 소개된다. 그중 넷째는 죽어 가면서 왕에게 이렇게 말한다. "나는 지금 사람의 손에 죽어서 하느님께 가서 다시 살아날 희망을 품고 있으니 기꺼이 죽는다. 그러나 너는 부활하여 다시 살 희망은 전혀 없다"(마카베오2서 7:14). 7형제의 이야기를 관념적으로 기술한 마카베오4서에는 사후의 고통이 첨가되어 형제마다 왕의 운명을 이렇게 예고한다. "정의가 네 앞에 맹렬하고 영원한 불과 고통을 예비해 두었으니 너는 평생 이 생각에서 벗어날 수 없다"(마카베오4서 12:12). 유대인들이 수전절(修殿節, 하누카) 즉 안티오쿠스에게 더럽혀진 성전을 다시 '봉헌한'('하누카'라는 말이 그런 뜻이다. 참조 요 10:22) 일을 경축하는 절기에 7형제 이야기를 하기는 하지만 헬라어로 기록된 마카베오1-4서는 유대교 경전인 타나크(구약)에 들지 못했다.

에녹1서 ―아담의 7대손으로 "하나님과 동행하더니 하나님이 그를 데려가시므로 세상에 있지 아니"했던(창 5:24) 옛 위인의 이름을 땄다―등 제2성전기 초기의 다른 책들에도 최후의 심판이 기술되어 있다. "그때 땅은 맡은 것을 반환하고 지옥은 맡기로 하고 받은 것을 반환[할]······ 것이다"(에녹1서 51:1).[2]

같은 책의 두 장 뒤에는 이렇게 기록되어 있다. "나는 징벌의 천사가 가서 사탄을 고문하는 기구를 준비하고 있는 것을 보았다. 나는 동행한 평화의 천사에게 물었다. '이 고문하는 기구는 누구를 위하여 준비하고 있는 것입니까?' 하니 그는 나에게 '이것은 이 지상의 왕자와 권력자들을 멸망시키기 위한 것이다'라고 말하였다. '그 후 의인으로서 택함 받은 자가 나타나 그에게 돌아온 교단은 앞으로 영들의 대주재의 이름으로 인하여 방해되는 일은 없다'"(에녹1서 53:3-6).[3] 의인은 상급을 받고, 원수(이 경우 에녹1서 저자가 보기에 지위를 부당 취득한 그 당시의 정치가와 로비스트들)는 멸망한다.

예수님 당시에는 의인과 악인이 각각 상급과 형벌을 받는다는 관점이 확고히 굳어져 있었고, 예외는 죽은 자의 부활을 믿지 않던 사두개인 정도였을 것이다. 세부 사항은 아직도 논란으로 남아 있다. 의인이 별처럼 되는 것은 천국에서일까? 헤롯 안디바가 예수님을 자신이 참수했던 세례 요한의 환생으로 보았듯이(참조 마 14:2, 막 6:14, 16, 눅 9:7) 의인도 환생하는 것일까? 부활한 후에도 이 땅에서 각 사람이 자기 포도나무와 무화과나무 아래서 살아갈까?(미 4:4)

이번 장의 주제인 악인에 대해서도 의문의 여지가 있다. 악인은 소멸되는 것일까? 악을 행했다는 평판으로 그칠까? 영원한 형벌을 받을까? 답은 어느 본문을 읽고 그 본문을 얼마나 강조할 것이냐에 달려 있다. 우리의 경우, 정의나 복수를 보는 각자의 관점에 달려 있을 수도 있다.

바울, 요한, 초대 교회

신약에서 시기적으로 가장 이른 문서는 십자가 사건으로부터 10년 이내에 기록된 데살로니가전서일 것이다. 아울러 요한계시록이 복음서보다 먼저 기록되었을 가능성도 내가 보기에 점점 커지고 있다. 그래서 모든 복음서 중 사후의 형벌이 가장 많이 언급된 마태복음을 보기 전에 바울과 요한의 말부터 간략히 살펴보려 한다.

이방인 교회들을 향해 쓴 바울의 편지에는 '지옥'이라는 단어도 없고 영원한 저주도 기술되지 않는다. 데살로니가전서에서 그는 예수님이 "장래의 노하심에서 우리를 건지"신다고 선포한다 (살전 1:10). 최후의 심판에 대해 낙관적인 그는 고린도전서 15장 22-26절에 이렇게 단언한다. "아담 안에서 모든 사람이 죽은 것 같이 그리스도 안에서 모든 사람이 삶을 얻으리라. …… 그 후에는 마지막이니 그가 모든 통치와 모든 권세와 능력을 멸하시고 나라를 아버지 하나님께 바칠 때라. …… 맨 나중에 멸망 받을 원수는 사망이니라." 바울은 죄인이나 비신자의 무서운 내세를 한 번도 언급하지 않는다. 물론 증거의 부재가 곧 부재의 증거는 아니지만, 만일 바울이 불순종하는 자에게 사후 형벌이 있다고 믿었다면 (특히 고린도 교인들에게) 그렇다고 말했을 것 같다.

묵시의 정수이자 이 장르에 묵시라는 이름을 달아 준 책은 신약의 마지막 책이다. "예수 그리스도의 계시〔헬라어로 '아포칼립시스'〕라. 이는 하나님이 그에게 주사 반드시 속히 일어날 일들을 그 종들〔헬라어로 '둘로스', NRSV에는 '섬기는 자들'〕에게 보이시려고 그의 천사를 그 종〔헬라어로 '둘로스', NRSV에는 '섬기는 자'〕 요한에게 보내어 알게 하신 것이라"(계 1:1). 배경이 2세기 전통의 입장대로 도미티아누스 치하의 90년대든 아니면 그 전에 로마가 예루살렘을 침략했던 69-70년경이든, 요한은 완전히 반로마 입장을 취한다. 14장에 그는 "짐승과 그의 우상에게 경배하고 이마에나 손에 표를 받"는—즉 로마 제국의 활동에 가담하는—자들의 운명을 기술한다. 즐거운 운명은 아니다. "거룩한 천사들 앞과 어린양〔예수님〕 앞에서 불과 유황으로 고난을 받으리니 그 고난의 연기가 세세토록 올라가리로다.…… 밤낮 쉼을 얻지 못하리라"(계 14:9-11). 하지만 이것이 이야기의 끝은 아니다.

요한계시록 마지막 장에 보면 장차 의인은 새 예루살렘에서 하나님과 어린양(예수님)으로 더불어 산다. "그의 얼굴을 볼 터이요 그의 이름도 그들의 이마에 있으리라. 다시 밤이 없겠고 등불과 햇빛이 쓸데없으니 이는 주 하나님이 그들에게 비치심이라. 그들이 세세토록 왕 노릇 하리로다"(계 22:4-5). 이 궁극의 빛과는 대조적으로 "두려워하는 자들과 믿지 아니하는 자들과 흉악한 자들과 살인자들과 음행하는 자들과 점술가들과 우상 숭배자들과 거짓말하는 모든 자들은 불과 유황으로 타는 못에 던져지리니 이것이 둘째 사망"이다(계 21:8). 둘째 사망은 말 그대로 사망이다. 사람이 영원히 살 수는 있어도 영원히 죽을 수는 없다. 죽은 자는 죽어서 사라진다. 소멸되어 더는 존재하지 않는다.

지옥에서 벌어지는 일

제2성전기에 "힌놈의 아들의 골짜기"는 불타는 '게헨나'가 되었
고, 신약에도 그 단어는 그렇게 등장한다. 처음 쓰인 곳은 산상 수
훈에서 예수께서 "살인하지 말라"를 이렇게 주해하시는 부분이다.
"나는 너희에게 이르노니 형제에게 노하는 자마다 심판을 받게 되
고 형제를 대하여 '라가'라 하는 자는 공회에 잡혀가게 되고 '미련
한 놈'이라 하는 자는 지옥〔헬라어로 '게헨나'〕 불에 들어가게 되리
라"(마 5:22).

　　거기서 몇 절 더 뒤로 가면 예수께서 간음하지 말라는 계명을
간음을 생각하지도 말라는 경고로 확대하시면서 이렇게 권고하
신다. "만일 네 오른 눈이 너로 실족하게 하거든 빼어 내버리라. 네
백체 중 하나가 없어지고 온 몸이 지옥〔헬라어로 '게헨나'〕에 던져지
지 않는 것이 유익하며 또한 만일 네 오른손이 너로 실족하게 하
거든 찍어 내버리라. 네 백체 중 하나가 없어지고 온 몸이 지옥〔게
헨나〕에 던져지지 않는 것이 유익하니라"(마 5:29-30. 마가복음 9장
43-47절과 비교하라. 마태복음 18장 9절에도 비슷한 말씀이 있는데 거기
에는 "지옥 불"로 되어 있다).

　　실제로 몸을 절단하라는 말씀은 아니라고 본다. 마찬가지로
무심코 든 생각 때문에 사람이 지옥에 던져진다는 선고도 아니라
고 본다. 이 본문은 말로 하는 냉수욕과도 같다. 몸의 일부를 잃는

다고 생각하면 몸을 간음에 쓰려는 생각이 싹 달아날 것이다.

복음서의 다른 곳들에도 '지옥'이 등장하지만 암시된 의미는 영원한 고통이 아니라 소멸이다. 마태복음 10장의 선교 강화(앞 장에서 보았듯이 강화만 있고 선교는 시행되지 않았던)에서 예수님은 제자들에게 이렇게 말씀하신다. "몸은 죽여도 영혼은 능히 죽이지 못하는 자들을 두려워하지 말고 오직 몸과 영혼을 능히 지옥[게헨나]에 멸하실 수 있는 이를 두려워하라"(마 10:28. 지옥에 던져 넣는 권세 있는 하나님을 두려워하라고 하신 누가복음 12장 5절도 참조하라). 여기 언급된 지옥에는 영원한 불이나 바깥 어두운 데가 나오지 않고 이를 간다거나 그런 말도 없다. "멸하실"이라는 단어는 말 그대로 소멸한다는 뜻이다. 아무것도 남지 않는다. 몸도 없고 고통과 기쁨도 다 사라진다. 마태가 게헨나와 불구덩이를 언급한 다른 사례들도 이런 의미일 수 있다.

"화 있을진저…… 서기관들과 바리새인들이여"로 연속되는 마태복음 23장에서 예수님은 지옥을 두 번 언급하여 이 라이벌 교사들에게 경고하신다. 우선 15절에 그분은 "교인[헬라어로 '프로셀뤼테스', 여기서 '개종자'(proselyte)라는 단어가 나왔다] 한 사람을 얻기 위하여 바다와 육지를 두루 다니다가 생기면 너희보다 배나 더 지옥[게헨나] 자식이 되게 하는" 서기관들과 바리새인들을 질타하신다. 이 말씀은 유대인이 이방인을 유대교로 개종시키려 한다는 뜻이 아니라 바리새인이 다른 유대인을 자기네 가르침에 따르게 만든다는 뜻이다. 같은 장에서 예수님은 바리새인을 "뱀들아, 독사의 새끼들아"라고 부르시며 "너희가 어떻게 지옥[게헨나]의 판결을 피하겠느냐"라고 반문하신다(33절).

"지옥 자식"과 "뱀들"과 "독사의 새끼들"은 예수께서 이 사람들에게 퍼부으신 많은 모욕 중 일부에 불과하다. 이런 독설이 무엇을 의미하는지는 마지막 장에서 살펴볼 것이다. 이번 장의 취지상 초미의 문구는 "지옥의 판결"이라는 개념이다. 역시 지옥은 사람의 몸과 영혼을 멸하는 곳이다. 이 말씀은 죽은 자의 부활이라는 개념을 대중화한 바리새인들에게 특히 뜨끔했을 것이다. 예수님은 그들이 부활한 몸으로 영존하기는커녕 망각 속에 사라질 것이라고 경고하신다.

"바깥 어두운 데로…… 슬피 울며 이를 갈리라"

"바깥 어두운 데"라는 말은 내게 천문학에서 말하는 '블랙홀'을 연상시킨다. 블랙홀은 거대한 별들이 죽어 자체 붕괴할 때 벌어지는 현상인데, 중력이 워낙 세서 다른 별들까지 빨아들인다. 심지어 빛도 이것을 피할 수 없기에 블랙홀은 눈에 보이지 않는다. 블랙홀을 찾아내려면 부근의 대상에 가해지는 인력을 파악하는 수밖에 없다. 이는 지옥 개념의 현대판 정의로 무난해 보인다. 즉 사방에 중력을 행사하여 빛과 생명과 실존을 모두 빨아들이는 곳이다. 하지만 이것이 이야기의 끝은 아니다. 요한복음 1장 5절에 보면 "빛이 어둠에 비치되 어둠이 이기지 못하더라"라고 했다.

"슬피 울며 이를 갈리라"라는 문구가 내게 암시하는 것은 우주적 사건이라기보다 훨씬 더 당장의 일이다. 이를테면 가학적인 치과의사가 유발하는 괴성처럼 말이다. 영화 〈흡혈식물 대소동〉

의 치과의사 오린 스크리벨로나, 더 심하게는 영화 〈마라톤 맨〉에서 로렌스 올리비에가 연기한 스젤 박사가 좋은 예다.

"바깥 어두운 데"는 마태복음에만 등장하며, "슬피 울며 이를 갈리라"도 마태가 즐겨 쓰는 표현이다. 후자는 신약의 다른 한 곳에만 더 나오는데, 바로 동료 신자들의 배교에 대한 경고인 누가복음 13장 24-30절이다. 어떤 사람이 예수님께 "주여, 구원을 받는 자가 적으니이까"라고 묻자 그분은 질문자의 말이 옳다는 식으로 답변하신다. 구원은 모든 자의 것이 아니며 어쩌면 다수의 것도 아니다. 예수님은 "좁은 문으로 들어가기를 힘쓰라. 내가 너희에게 이르노니 들어가기를 구하여도 못하는 자가 많으리라"라고 운을 떼신 뒤, 마태복음의 열 처녀 비유(마 25:1-13)와 비슷한 비유를 일부만 들려주신다. 문 밖에서 "주여, 열어 주소서"라고 말하는 이들에게 집 주인은 "나는 너희가 어디에서 온 자인지 알지 못하노라"라고 응수한다.

사람들이 "우리는 주 앞에서 먹고 마셨으며 주는 또한 우리를 길거리에서 가르치셨나이다"라고 우기자—먹고 마신다는 말은 누가의 예상 독자들에게 성만찬 의식도 연상시켰을 것이다—주인은 "나는 너희가 어디에서 왔는지 알지 못하노라. 행악하는 모든 자들아, 나를 떠나가라"라고 되풀이한다. 예수님은 이렇게 말씀을 맺으신다. "너희가 아브라함과 이삭과 야곱과 모든 선지자는 하나님 나라에 있고 오직 너희는 밖에 쫓겨난 것을 볼 때에 거기서 슬피 울며 이를 갈리라. 사람들이 동서남북으로부터 와서 하나님의 나라 잔치에 참여하리니"(눅 13:28-29. 마태복음 8장 12절의 비슷한 말씀도 참조하라). 이 단락은 (성서학자들이 '유동적 언명'이라 칭하는) 유명한 말씀으로 끝난다. "보라, 나중 된 자로서 먼저 될 자도 있고 먼저 된 자로서 나중 될 자도 있느니라"(30절).

나는 바깥 어두운 데에 대한 말씀을 이 유동적 언명과 한데 묶어 해석하곤 한다. 슬피 우는 곳인 바깥 어두운 데는 지옥이 아니라 자신이 '으뜸'(이 책 3장을 참조하라)인 줄로만 알던 부류가 새삼 처하게 된 뒷줄이다. 예수님의 가르침은 인사이더는 나중에 바깥에서 이를 갈고 아웃사이더는 어느새 안에 들어와 천국 잔치에 참여한다는 것이다. 이것은 인사이더 신분에서 위안을 찾고 안일에 빠지는 사람들에게는 놀라운 경고이며, 자신이 남들과 달라서 식탁에 환영받지 못한다고 생각하는 사람들에게는 똑같이 놀라운 격려이다. 후자는 자리에 앉아 신원되지만, 그들을 못 들어오게 하려던 전자는 뒷줄로 밀려난다. 가나안 여인의 이야기에서 보았듯이 음식은 누구에게나 돌아갈 만큼 풍성하다.

이 본문에는 만개한 메시아 시대도 반영되어 있다. 즉 죽은 자들이 이미 부활하여 최후의 심판이 시행된 시점이다. 하나님 나라의 잔치에 참여한다는 말은 족장(남성뿐 아니라 여성을 포함한)을 비롯한 과거의 인물들과 함께 메시아의 식탁에 둘러앉는다는 뜻이다. 그래서 복음서에 그려진 예수님은 음식을 드시고, 음식을 제공하시고(5천 명과 4천 명을 먹이신 일, 가나의 혼인 잔치 등), "일용할 양식"이나 '내일의 양식'을 말씀하시고, 떡과 포도주의 의식을 제정하신다. 메시아의 잔치를 상징적으로 제자들과 함께 재현하신 것이다. 하지만 누구나 다 식탁에 오는 것은 아니다.

아마 누가는 인사이더에게 특별한 경고를 발하여 배교에 대한 우려를 표했을 것이다. 식탁에 앉은 사람이라고 다 천국의 상급을 받는 것은 아니다. 누가복음에서 예수님이 성체 성사(성찬식, 주의 만찬)를 제정하여 제자들에게 떡—그들을 위해 찢기신 그분의 몸을 상징한다—을 나누어 주실 때(눅 22:19) 유다도 그분과 함께 있었다. 두 구절 뒤에서 그분은 "그러나 보라, 나를 파는 자의 손이 나와 함께 상 위에 있도다"라고 말씀하신다(21절). 뒷줄로 밀려난 사람은 이제라도 특권에 대한 교훈을 배울 수 있지만, 최악의 경우에는 아예 줄에서 완전히 쫓겨날 수도 있다. 양쪽의 차이라면 전자는 본인이 원해서 아직 줄에 남아, 여태 냉담했던 자신을 회개하는 사람이다. 그러나 유다는 적어도 누가가 전하는 이 이야기에서는 끝내 회개하지 않았다.

"바깥 어두운 데"와 "슬피 울며 이를 갈리라"가 누가복음에서는 큰 주제가 아니다. 그런데 마태복음에는 두 표현이 자주 등장할 뿐 아니라, 많은 사람의 암울한(순화된 표현으로) 운명처럼 보이는 다른 말씀들을 통해 그 공포가 더 심화된다.

마태복음에서 예수님이 반항하고 불순종하는 자들에게 지옥 불을 경고하시는 말씀은 산상 수훈에 처음 나온다. 앞서 보았듯이 살인하지 말라는 계명을 확대하여 미움을 금하시는 대목이다. 그분이 자신을 따르는 이들에게 불쾌한 운명을 경고하신 데가 산상 수훈뿐이라면 얼마나 좋겠는가마는 그렇지 않다. 위에 인용한 누가복음 13장과 비슷한 마태복음 8장 12절에 "그 나라의 본 자손들(상속자들, NRSV)은 바깥 어두운 데 쫓겨나 거기서 울며 이를 갈게 되리라"라는 말씀이 있다. 이 상속자들이 누구인지는 모르며, 누가는 해당 문맥에 그 단어를 쓰지 않았다. 그러나 예수님이 중시하시는 분배 경제를 생각해 볼 때 그들을 이렇게 보아도 무방할 것이다. 즉 그들은 이웃을 겨우 눈곱만큼 사랑한다는 이유로 자신이 안전한 줄로 알지만, 여전히 자신의 자원에 매달릴 뿐 가난한 자를 먹이지 않는 부류다('상속자'라는 단어에 경고의 금전적 측면이 암시되어 있다). 이 구절은 내게 누가복음에 나오는 부자와 나사로의 비유를 연상시킨다(눅 16:19-31). 부자가 사후에 고통을 당하는 이유는 자신의 대문 앞에 (모어로버라는 개와 함께) 있던 가난한 나사로에게 도움과 위안을 베풀지 않았기 때문으로 보인다. 이 비유에 묘사된 나사로와 부자의 운명은 사후이긴 하지만 최후의 심판 이전의 상태일 것이다. 아직 심판이 시행되지 않은 것이 분명하다. 따라서 부자의 고생—그 자체로 죄를 억제하고 율법 준수를 촉구하는—이 무한히 계속될지 아니면 그가 안개처럼 사라져 버릴지는 우리의 상상에 맡겨져 있다.

복음서 저자가 많은 비유를 모아 놓은 마태복음 13장에서 예수님은 가라지의 비유를 해석하며 이렇게 경고하신다. "그런즉 가라지를 거두어 불에 사르는 것 같이 세상 끝에도 그러하리라. 인자가 그 천사들을 보내리니 그들이 그 나라에서 모든 넘어지게 하는 것과 또 불법을 행하는 자들을 거두어 내어 풀무 불에 던져 넣으리니 거기서 울며 이를 갈게 되리라"(40-42절). 몇 절 뒤인 49-50절에도 같은 개념이 다시 나온다. 예수님은 그물의 비유를 마치며 이렇게 요약하신다. "세상 끝에도 이러하리라. 천사들이 와서 의인 중에서 악인을 갈라내어 풀무 불에 던져 넣으리니 거기서 울며 이를 갈리라." 내게는 이런 문장이 마태가 덧붙인 주해로 보인다. 대부분의 비유에 설명에 딸려 나오지 않는 데다 굳이 설명이 없어도 비유의 의미가 통하기 때문이다.

게다가 "풀무 불"(동어 반복인 '온수난방'이 떠오른다)과 "울며"의 조합은 이 울음이 계속된다는 의미는 분명히 아니다. 적어도 내게는 그렇다. 부활한 몸이 석면이 아닌 다음에야 역한 불꽃처럼 영원히 탈 수는 없다. 울며 이를 가는 것은 망각 속에 사라질 자신의 운명에 대한 회한일 수는 있으나 영원한 고통으로 보기는 어렵다. 만일 영원한 고통이라면 악도 소멸되지 않는 셈이다.

나는 1970년대 중반부터 마태와 대화해 왔는데, 이쯤이면 그의 독자들에게 요지가 전해졌으려니 싶었다. 하지만 마태는 늘 나의 불평을 무시했고, 오히려 더 박차를 가하기 시작한다. 이후의 네 가지 비유는 예수님이 끝없는 괴로움과 고통을 선고하신 게 **아니라는** 나의 의혹에 강편치를 날린다.

'교회' 강화(마태가 예수님의 이름으로 모이는 모임의 운영 방침을 모아 놓은 내용)의 일부인 마태복음 18장 23-35절에서 예수님은 공동체 내의 동료를 용서하는 것이 중요하다고 말씀하신다. 이어 어떤 종(또 노예다!)의 비유를 들려주시는데, 이 종은 주인인 왕에게 1만 달란트라는 어마어마한 돈을 빚졌다(특정 상품에 대해 "가격을 물으셔야 한다면, 당신의 형편으로는 안 됩니다"라고 말하는 것과도 같다). 종이 상환금을 내놓지 못하자 왕은 그의 소유뿐 아니라 아내와 자식들까지 다 팔아 돈을 갚으라고 명한다. 하지만 참아 달라는 종의 애원에 "그 종의 주인(퀴리오스)이 불쌍히 여겨 놓아 보내며 그 빚을 탕감하여 주었"다(27절). 비유가 여기서 끝나면 참 좋으련만 그렇지 않다.

빚을 탕감 받은 종은 자기에게 겨우 백 데나리온을 빚진 동료 종을 만나 그의 목을 잡고는 "빚을 갚으라"라고 다그친다. 가난한 동료가 참아 달라고 부탁하는데도 그는 "허락하지 아니하고 이에 가서 그가 빚을 갚도록 옥에 가두"었다(30절). 동료 종들은 기겁하여 "주인"(퀴리오스)에게 그 일을 다 고한다. 격노한 왕은 탕감받은 종에게 "내가 너를 불쌍히 여김과 같이 너도 네 동료를 불쌍히 여김이 마땅하지 아니하냐"라고 묻는다(33절). 결국 "주인이 노하여 그 빚을 다 갚도록 그를 옥졸들에게 넘기"었다(34절). 비유는 예수님의 이런 말씀으로 끝난다. "너희가 각각 마음으로부터 형제를 용서하지 아니하면 나의 하늘 아버지께서도 너희에게 이와 같이 하시리라"(35절).

나는 하나님이 영원한 고통을 지지하신다고 보지 않으며, 예수님도 그렇게 보지 않으셨을 것 같다. 이 비유는 경고다. 주제가 죄의 용서인지, 빚의 탕감인지, 양쪽 다인지는 (마태 덕분에) 불분명하지만 말이다. 비유는 삶의 실사화가 아니라 우리에게 도전과 자극을 주고 사고를 일깨워 바른 행실로 이끌기 위한 이야기다. 마찬가지로 단테의 「지옥편」에 묘사된 모든 고통을 굳이 믿어야만 이것이 죄를 억제하는 시(詩)임을 깨달을 수 있는(또는 작가에게 반론을 펼 수 있는) 것은 아니다.

마태는 아직 끝나지 않았다. 처음 초대받은 무리가 잔치에 오지 않고 괘씸한 변명을 늘어놓는 혼인 잔치의 비유에서, 마태는 잔치에 들어오기는 했으나 예복을 입지 않은 사람의 이야기를 덧붙인다. 그야 왕의 종들(자꾸 노예가 등장한다)이 그를 길에서 데려왔으니(마 22:10) 옷을 갈아입을 시간이 없었을 것이다("에이미질, 비유니까 생각이 과해서는 안 되오"라고 말한다면, 그 말이 맞을 것이다). 왕은 그에게 어떻게 잔치에 들어왔느냐고 묻고는 "사환들"(헬라어로 '디아코노이' 즉 '집사들' 또는 '섬기는 자들')에게 명한다. "그 손발을 묶어 바깥 어두운 데에 내던지라. 거기서 슬피 울며 이를 갈게 되리라"(13절). 이 단락은 예수님의 또 다른 유동적 언명으로 끝난다. "청함을 받은 자는 많되 택함을 입은 자는 적으니라"(14절).

경고인가? 그렇다. 수사적 과장인가? 물론이다. 최후의 심판 때 있을 일에 대한 예언인가? 그렇지는 않을 것이다. 발을 찍어 내거나 눈을 빼어 내는 것과 똑같은 수사법이다.

세 번째 비유도 "종"의 이야기로(마 24:41-51), 인사이더와 특히 교회 지도자가 그 대상이다. 공동체 식구를 함부로 대하고 술친구들(즉 절제할 줄 모르고, 문제를 부인하고, 알코올 중독자 재활 모임에 나가지 않는 자들)과 어울리는 지도자는 무시무시한 운명을 맞이한다. 주인이 그를 "쪼개어 내고 외식하는 자가 받는 벌에 처하리니 거기서 슬피 울며 이를 갈"게 된다(51절). 이 비유는 우리에게 또 다시 끔찍한 노예 제도를 상기시킬 뿐 아니라 영원한 고통이라는 개념도 일소해 버린다. 종은 죽임을 당한다. 사후에 명예가 더럽혀진다.

끝으로, 유명한 양과 염소 비유의 끝부분에서 임금은 어려운 이웃을 돕지 않은 못된 "염소"에게 "저주를 받은 자들아, 나를 떠나 마귀와 그 사자들을 위하여 예비된 영원한 불에 들어가라"라고 말한다(마 25:41). 누가복음의 부자와 나사로 비유(눅 16:19-31)에 담겨 있는 개념과 똑같다. 부자가 영원한 고통에 떨어진 것은 (고통이 아브라함과 자유자재로 대화할 수 없을 만큼 심하지는 않았지만) 고생하는 나사로를 돕지 않았기 때문이다. "마귀와 그 사자들"이라는 표현은 그리스 신화 속 티탄 신족(神族)의 영향을 받았을 어느 전설로 거슬러 올라간다. 전설에 따르면 창세기 6장의 '타락한 천사들'은 옥에 갇혀 있으며, 종말의 최후 심판 때 풀려났다가 다시 옥에 갇힌다. 신약의 가장 늦은 문서인 베드로후서에 그 개념이 이렇게 암시되어 있다. "하나님이 범죄한 천사들을 용서하지 아니하시고 지옥에 던져 어두운 구덩이에 두어 심판 때까지 지키게 하셨으며"(벧후 2:4).

지옥 따위는 잊으라

시대가 바뀌어 바울과 요한계시록 저자 요한의 세대에는, '그리스도인'으로 불리는 예수님의 제자들 사이에 천국과 지옥에 대한 언급이 점차 더 많아졌다. 이 주제는 하데스의 고통과 엘리시움(이상향)의 상급에 대한 그리스와 로마의 신화에서 일부 들여온 것이다. 도마 행전과 베드로 묵시록 같은 2-3세기 기독교 문서에는 지옥이 고도로 상술되어 있다. 또한 고통을 해당자의 악한 행위에 상응하게 묘사하여, 이런 기록물을 일부 알았을 단테를 예고한다. 토마스 아퀴나스(1225-1274년) 시대에는 지옥이 그리스도인의 상상 속에 확고히 굳어져 있었다. 나아가 아퀴나스는 누가복음 16장의 부자와 나사로 비유에 근거하여, 저주받은 무리의 고통을 지켜볼 수 있기에 성도의 기쁨이 배가한다고까지 암시했다. 성도가 라틴어판 "약 오르지 메롱!"을 읊어 댄다니 나로서는 받아들이기 힘들다. 남의 불행을 고소해 하는 것은 은혜롭지 못하다.

　기독교에서 구원과 영원한 저주를 말할수록 랍비 유대교는 현세에서의 성화(聖化)를 더 많이 말했다. 유대교의 초점은 막대한 죄와 십자가에서 치러진 죗값에 있지 않고 늘 개인과 공동체의 회개의 위력에 있었다. 「미쉬나」 이후로 쭉 유대교의 가르침에서 사후 형벌은 일종의 '타임아웃' 개념으로서, 극악한 악인의 경우에도 대개 최대 12개월로 제한되었다. 노아의 대홍수 세대, 이스라엘을 노예로 부리며 어린아이들을 살해한 이집트인, 곡과 마곡, "게헨나의 악인"(m. 에두요트 2:10) 등이 그에 해당한다. 흔히 '카발라'로 불리는 중세 유대교의 신비주의 전통에서는 게헨나가 모든 영혼이 통과하는 현관 내지 '입구'라고 말한다. 이 개념은 현대 기독교적 관점의 연옥과 서로 영향을 주고받았을 것이다. 연옥은 그리스도인 영혼이 정화되어 천국에 들어갈 수 있을 때까지 죄로 인해 고통당하는 장소다.

19세기 말부터 유대교 전통에서는 사후에 받는 상급과 형벌의 중요도가 아예 더 약해졌다. 개혁 운동을 통해 전례서의 문구가 "죽은 자에게 생명을 주시는" 하나님을 찬양하는 데서(부활이 있다) "모두에게 생명을 주시는" 하나님을 찬양하는 것으로(부활이 없다) 바뀌었기 때문이다. 그래서 정통이나 보수 회당에 나가는 유대교인은 부활을 인정하는 기도문을 암송하지만, 오늘날 개혁 회중의 유대교인은 전통 문구와 개혁 문구 중에서 골라 쓸 수 있다. 그러나 개개 유대교인이 무엇을 믿는지는 전례서의 고백과 무관할 수 있다(교회의 경우도 마찬가지다. 회중석의 전원이 다 예컨대 신경을 문자적으로 믿지는 않으니 말이다. 본인만이 안다).

지옥에 대한 인식이 강하지 않은 것은 전반적으로 유대교인이 영생의 판결을 받거나 영원한 저주를 면하려고 율법을 지키는 게 아니라는 또 하나의 방증이다. 유대교인이 율법을 지키는 이유는 하나님이 자신들과 언약을 맺으시고 율법을 주셨기에 그 베푸신 사랑에 보답하기 위해서다. 순전히 지옥이 무서워서 의롭게 행한다면 두려움과 사랑을 혼동하는 것이다. 건강한 가정에서 부모를 공경하는 이유는 부모가 때리거나 유산을 거둘까 봐 두려워서가 아니라 부모를 사랑하기 때문이다. 마찬가지로 하나님을 아버지라 부르는 사람이 "하늘에 계신 아버지의 뜻대로" 행하는 것도 (참조 마 7:21, 12:50) 두려움이 아니라 사랑에서 비롯된다. 그렇지 않으면 하나님은 폭군이 되고 만다.

꼭 천국과 지옥의 개념이 있어야만 의롭게 살 마음이 동해서는 안 된다. 그러나 다른 이유로는 그 개념이 필요할 수 있다. 우리 중 일부는 요한계시록에서 음녀 바벨론과 그 추종 세력의 파멸을 읽으면서, 살인이나 인종 청소나 집단 학살을 용인하는 정부에게 꼭 시행되어야 할 정의를 볼 수도 있다. 끝없는 고통에 직면한 사람들에게 위안의 메시지를 준다는 개념을 볼 수도 있다. 그 메시지가 다소나마 마음을 편하게 해 준다면 그것으로 족하다. 내가 판단할 문제가 아니다.

사람들은 이 세상에서 정의를 찾을 수 없어 지옥을 원할 수도 있다. 이 세상 자체가 지독한 지옥 같아 보일 수도 있다. 우리는 중세의 봉건 영주를 닮은 복수의 하나님을 원할 수도 있다. 영주의 명예가 심히 더럽혀지면 유일한 분풀이는 무죄한 희생양을 고문하고 죽여 인간 죄성의 대가를 치르게 하는 것이었다. 반대로 우리는 "그 인자하심이 영원"하시고(시 136편 전체) "그 자비가 영원" 하신(집회서 51:12. 히브리어 원문에 추가되어 있는 찬송시의 후렴구로

예수의 어려운 말들

시편 136편과 비슷하다―옮긴이) 하나님을 원할 수도 있다.

행여 우리의 형상대로 하나님을 지어내고 있다면, 거울을 보면 도움이 될 것이다. 거울 속의 우리는 타인의 영원한 고통을 즐기는 사람인가? 아니면 지금 여기서 그 고통을 막으려고 애쓰는 사람인가?

성장기에 나는 영원한 저주가 두렵지 않았다. 1950년대 말과 1960년대 초의 세상―냉전, 핵무기, 핵 공격 대피 훈련 등―은 그 자체로 충분히 무서웠다. 지금도 나는 영원한 저주가 두렵지 않다. 심내막염과 2회의 심장 절개 수술로 죽음을 실감해 보았지만, 죽음 하면 드는 생각이 악마나 저승사자는 아니다. 실제로 처음 드는 생각은 죽음이 몹시 불편하다는 것이다. 읽고 집필해야 할 책도 있고, 스웨터 뜨개질도 마쳐야 하고, 물론 이메일 답신도 더 써야 한다. 무한히 더 중요한 두 번째 생각은, 나를 위해서나 그들을 위해서나 남편과 자녀를(물론 개 모리도) 떠나고 싶지 않다는 것이다. 이런 생각 덕분에 나는 내세가 아니라 오늘과 내일에 늘 집중한다.

6

—

너희 아비 마귀에게서 났으니

매도와 악마화를 극복하려면

"너희는 너희 아비 마귀에게서 났으니 너희 아비의 욕심대로
너희도 행하고자 하느니라."

— 요한복음 8장 44절상

감리교회의 할머니들이 두 번이나 내게 내 뿔을 언제 뽑아냈느냐
고 물은 적이 있다. 한 번은 내가 대학원 공부를 하던 노스캐롤라
이나에서였고 또 한 번은 지금 살고 있는 테네시에서였다.

일부 그리스도인이 유대인에게 뿔이 달렸다고 생각한다는
것을 나도 알고 있었다. 그런 생각은 요한복음 8장의 이 난해한 구
절에서 일부 기인한다. 유대인이 정말 마귀의 자식이라면 ─ "너희
는 너희 아비 마귀에게서 났으니"에서 "너희"가 받는 명사는 "유대
인들"(헬라어로 '유다이오이')이니 ─ 유전적으로 그를 닮았을 게 분
명하다. 지금도 그렇지만 옛날에도 자식이 부모의 특성을 닮는 것

은 생리학의 일부였다.

실제로 이 개념에 힘입어 우리는 요한의 첫 독자들이 예수님과 하나님 아버지의 관계를 어떻게 이해했는지를 더 잘 알 수 있다. 철학자 아리스토텔레스에 따르면 이상적인 자식(당연히 아들이다)은 온전히 아버지의 형상이다. 전부가 아버지이고 어머니는 조금도 섞여 있지 않다. 그래서 요한의 메시지는 예수님이 곧 하나님의 형상이시라는 것이다. 비슷하게 예수님의 뜻도 아버지의 뜻과 온전히 맞물려 있다. 그래서 친히 "나와 아버지는 하나이니라"(요 10:30), "아버지여, 아버지께서 내 안에, 내가 아버지 안에 있는 것 같이"(요 17:21)라고 누누이 증언하신다. 요한복음에는 예수님이 아들이시고 하나님이 아버지시라는 표현이 다른 복음서보다 꽤 더 자주 나오는데, 이 모든 언급의 배후에 두 분의 친밀한 부자 관계가 깔려 있다.

우리의 문제는 예수님이 온전히 아버지의 형상이실진대, 유대인이 마귀의 자식이라는 고발은 어떻게 볼 것이냐는 점이다. 역시 요한의 첫 독자들은 마귀 또는 사탄이 자식을 낳았다는 개념에는 아무런 문제가 없었을 것이다(영화 〈악마의 씨〉와 〈오멘〉 그리고 더 근래의 드라마 〈사브리나의 오싹한 모험〉은 다 고대의 선례를 뒤이은 것이다). 요한일서의 저자는 3장 12절에서 독자들에게 "가인 같이 하지 말라. 그는 악한 자에게 속하여 그 아우를 죽였으니 어떤 이유로 죽였느냐. 자기의 행위는 악하고 그의 아우의 행위는 의로움이라"라고 말했다. "악한 자에게 속하여"(헬라어로 '에크 투 포네루')라는 말에는 '사탄 또는 마귀로부터' 났다는 뜻이 암시되어 있다. 똑같은 문구가 산상 수훈에도 나온다. 예수께서 "오직 너희 말은 옳다 옳다, 아니라 아니라 하라. 이에서 지나는 것은 악한 자로부터(헬라어로 '에크 투 포네루') 나느니라"(마 5:37)라고 권고하시는 대목이다. 제자들에게 "다만 악한 자에게서 구하시옵소서"(마 6:13. 더 익숙한 표현은 "다만 악에서 구하시옵소서"이다)라고 기도하도록 가르치실 때도 그분은 아마 사탄을 염두에 두셨을 것이다.

유대인에게 뿔이 달렸다는 개념은 출애굽기 34장 29절의 번역에 일부 기인한다(또 번역의 문제다!). 히브리어 원문에 보면 모세는 "그 증거의 두 판"을 손에 들고 시내산에서 이스라엘 백성에게로 내려올 때 "자기가 여호와와 말하였음으로 말미암아 얼굴 피부에 광채가 나나(히브리어로 '카란 오르 파나브') 깨닫지 못하였"다. 명사 '오르'와 '파나브'는 각각 '피부'와 '그의 얼굴'을 뜻한다. '광채가 나다'로 번역된 동사 '카란'은 '뿔'을 뜻하는 명사 '케렌'과 연관되어 있다. 그래서 '뿔이 달리다'로 번역해도 틀린 말은 아니며, 그 경우 뿔은 아마 광선을 암시할 것이다. 헬라어 역본(칠십인역)에는 '카란'이 '영화롭게 하다'라는 뜻의 단어로 옮겨져 있어 독자들에게 모세의 얼굴 피부가 영광을 발한 것으로 읽힌다. 예수님이 변형되신 사건(마 17:2, 막 9:2-3, 눅 9:28-36)에도 이 장면이 암시되어 있으며, 바울도 고린도후서 3장 7절에서 바로 이 헬라어 번역에 의지하여 "모세의 얼굴의…… 영광"을 언급한다. 여기까지는 좋다.

성 히에로니무스가 히브리어 원문을 라틴어로 옮길 때(구약의 라틴어 역본들은 그 전에도 있었으나 불가타역이라 불리는 히에로니무스의 역작이 표준이 되었다) 선택한 표현은 모세가 "자기 얼굴에 뿔이 난"(코르누타 에세트 파시에스 수아) 사실을 몰랐다는 것이었다.

예수의 어려운 말들

히에로니무스의 번역을 기점으로 해서 11세기 즈음부터 기독교 예술에 뿔 달린 모세의 모습이 등장한다. 뿔은 모자나 투구의 일부일 때도 있고 실제 뿔일 때도 있다. 가장 유명한 예는 로마의 '쇠사슬의 성 베드로'(빈콜리 산 피에트로) 성당에 있는 미켈란젤로의 뿔 달린 모세상이다.

모세에게 뿔이 달렸다는 개념이 완전히 허황한 것은 아니다. 고대의 일부 신들도 뿔이 있었다. 뿔은 이스라엘 백성에게 금송아지의 죄를 상기시켰거나, 우주의 악한 세력을 물리치는 모세에게 도움이 되었거나, 모세의 특별한 권능을 상징했을 수 있다. 뿔 달린 모세는 곧 권능의 모세였다.

문제는 기독교 미술 속의 사탄과 그 졸개들도 대체로 뿔이 달려 있다는 것이다. 그래서 요한복음 8장에 대한 문화적 상상에 출애굽기 34장의 번역 문제가 섞여 들었다. 이 조합의 결과는 모세를 포함한 모든 유대인이 마귀의 자식이며 따라서 뿔이 달려 있을 수밖에 없다는 것이다.

뿔의 전설에는 다리가 달려 있다(자칫 이중 은유가 될 뻔했다). 어머니에게 들은 말인데 내 기억이 맞다면, 나의 외할아버지가 매사추세츠주의 뉴 베드포드에서 구두점을 매입할 때 이전 주인은 생전 처음 만난 유대인인 그에게 뿔이 달려 있느냐고 물었다. 1900년대 즈음에 있었던 일이다. 덕분에 나는 똑같은 질문을 (말 그대로) 대면했을 때 등골이 오싹해지지 않았다(계속되는 몸의 은유가 도움이 되기를 바란다).

두 번 다 나는 질문한 할머니들에게 유대인도 뿔이 없다고 슬쩍 말해 주었다. 그들은 기분 좋게 놀랐다. 그렇게 물었다 해서 그들이 반유대인주의자는 아니었다. 잘 몰랐을 뿐이지 유대인에 대한 반감은 없었다.

심장 수술이 필요하다

요한복음은 한없이 아름답고 힘찬 문서다. 그 수려한 어법 덕분에 우리에게 세상이 다르게 경험된다. 예컨대 요한복음의 세상은 '바람, 호흡, 영'을 뜻하는 헬라어 단어 '프뉴마'의 다중 의미에 힘입어 생생히 살아난다(영어에 '폐렴'(pneumonia), '공압'(pneumatic) 등의 파생어가 있다). 그래서 산들바람은 우리에게 하나님의 능력을, 호흡은 성령을 상기시킬 수 있다. 요한복음 4장 24절에 "하나님은 영(프뉴마)이시니 예배하는 자가 영(프뉴마)과 진리로 예배할지니라"라고 선포되어 있다.

자신이 "들려야" 한다는 예수님의 말씀에는 십자가에 들리고 영생으로 들린다는 이중 의미가 있다. 요한복음 3장 14절에 그분은 "모세가 광야에서 뱀을 든 것 같이 인자도 들려야 하리니"라고 말씀하신다. 여기에 많은 의미가 암시되어 있다. 우선 모세가 액막이(오늘의 단어가 될 만하다. 교회 건물의 이무기 돌처럼 악으로 악을 물리침을 상징한다) 용으로 만든 민수기 21장 4-9절의 놋뱀이 있다. 독사에 물린 사람이 이 놋뱀을 쳐다보면 몸이 성해졌다. 그래서 십자고상을 보면 예수님의 무릎이 옆으로 굽어진 경우가 많다. 그분의 몸을 그 뱀처럼 보이게 하기 위해서다. 또 다른 암시는 예수님이 죽음(십자가에 들리심)을 통해 자신도 (천국과 영광으로) 들리시고 자신을 따르는 이들도 드신다는 것이다.

위엄찬 서두의 "태초에 말씀이 계시니라"에서부터 예수께서 물로 포도주(포도 주스가 아니라 진짜 포도주)를 만드신 가나의 멋진 기적, 죽은 나사로를 살리심, 보혜사를 보내심 등에 이르기까지 요한복음이 없다면 신약은 너무나 많은 것을 잃을 것이다. 그 밖에도 얼마든지 더 있다. 3장 16절은 유명한 구절이다. "하나님이 세상을 이처럼 사랑하사 독생자를 주셨으니 이는 그를 믿는 자마다 멸망하지 않고 영생을 얻게 하려 하심이라." 14장 6절에는 "내가 곧 길이요 진리요 생명이니 나로 말미암지 않고는 아버지께로 올 자가 없느니라"라는 예수님의 선언이 나온다. 이런 말씀은 그분을 따르는 이들에게 위로가 된다. 희생과 확신과 도움과 구원을 말해 준다.

그러나 요한복음에는 미학적으로 수려하고 신학적으로 심오한 이런 복된 본문과 더불어 신약의 일부 가장 어려운 말씀도 들어 있다. 우선 믿지 않는 사람이나 더 정확히 말해서 믿음이 다른 사람에 대한 의문이 제기된다. 예수님을 주님으로 고백하지 않는 사람은 믿지 않았다는 이유로 정죄되어 망각 속에 사라질까? 특히 믿음이란 제어될 수 없는 것인데도 그렇게 정죄되어야만 할까? 믿음도 사랑과 같아서 느껴질 때 자신이 안다. 논리나 논증에 확고히 기초할 수 없다. 그래서 대체로 변증가들의 대화 상대는 이미 내부에 들어와 있는 집단이다. 나도 예수님을 나의 주님으로 영접해야 할 이유를 있는 대로 다 들은 것 같은데, 그냥 그런 믿음이 없다. 나의 신앙 전통으로 만족스럽다. 다른 종교 단체의 전도를 받으면서 "그것도 흥미롭지만 나는 이대로 족하다"라고 생각해

본 적이 있는 사람이라면 이 심정을 알 것이다.

아울러 우리는 요한복음을 신성한 경전으로 믿는 사람들이 이 내용을 어떻게 가르치고 설교해야 하는지에 대해서도 고민해야 한다. 자기 친구—무슬림 라힘, 힌두교인 인디라, 유대교인 멘델 등—가 구원받을 것인지를 묻는 자녀에게 우리는 어떻게 답할 것인가? '유대인'이 마귀의 자식이라는 말을 듣는 자녀에게 뭐라고 말해 줄 것인가? 누구든지 세례를 받지 않거나 특정 교파에서 세례를 받지 않는 사람은 마귀의 자식이라는 말은 또 어떤가? 한 달에도 몇 번씩 나는 설교자들과 교사들로부터 요한복음에서 기쁜 소식을 찾는 법을 알려 달라는 이메일을 받는다. 요한복음이 유대인 혐오를 부추기는 듯 보이기 때문이다.

여태 내가 교회나 기독교 성경 공부에서 들은 반유대인적인 가르침과 설교는 대부분 혐오에서 난 게 아니라 무지의 소산이다. 내가 가르치는 학생들에게도 요한복음 8장 44절을 묵상하게 해 보면 대개 그들은 깜짝 놀란다. 지난 세월 이래저래 유대인을 대적하는 데 쓰인 신약의 여타 본문에 대해서도 마찬가지다. 예컨대 많은 학생이 마태복음 27장 25절의 여파를 몰랐다. 예수님을 죽이는 책임을 "〔유대〕 백성이 다" 받아들이면서 빌라도에게 그분을 십자가에 못 박으라고 우기는 장면인데, 심지어 그들은 "그 피를 우리와 우리 자손에게 돌릴지어다"라고까지 말한다. 바로 이 구절에서 유대 민족이 영원히 살인죄를 지었다는 개념이 나왔다. 이런 해석은 1965년에 바티칸에서 그 개념을 배격하고 많은 개신교 교단이 거기에 동조함으로써 종식되기 시작했다. 학생들은 바울이 "유대인은 주 예수〔를〕…… 죽이고"라고 말한 데살로니가전서 2장

　　　　　　　　　　　예수의 어려운 말들

14하-16절을 읽은 기억이 없었고 요한계시록에 언급된 "사탄의 회당"(계 2:9, 3:9)도 무심코 지나쳤다고 했다. 예를 들자면 많지만 같은 말을 장황하게 되풀이하고 싶지 않다.

유대인 혐오가 세계적으로 증가하면서, 자칭 '그리스도인'들이 회당과 유대인 시민 회관의 사람들에게 총격을 가하고 기독교 가정에서 자란 아이들이 신나치주의 교리를 복음서에서 들은 '유대인'에 대한 내용에 접목시킨다. 이럴 때일수록 신부와 목사와 성경 공부 인도자와 청소년 사역자는 무엇을 가르치고 설교할지를 더욱더 잘 분별해야 한다. 이것은 다른 집단을 악마화하는 가르침이라면 무엇에나 똑같이 적용된다. 그래서 나는 반기독교적인 발언이 들릴 때면 많은 랍비와 유대교 친구에게 이렇게 말해 왔다. 버려야 할 악습은 우리 모두에게 있다고.

게다가 우리 인간은 자신을 방어하는 데 능하다. 그래서 누군가가 내 말이나 행동이 틀렸다는 식으로 말하면 —아무리 살살 말해도— 대개 우리는 일단 저항한다. 내가 친구나 학생에게 또는 기사를 읽어 보라고 보내 온 사람에게 그들의 설교와 책과 성경 공부가 반유대인적인 관점을 주입하거나 강화할 것 같다고 지적하면, 대개 그들은 방어에 나선다. "**모**든 유대인이 그렇다는 말은 아닙니다." "아무도 이런 수사법을 심각하게 받아들이지 않아요." "에이미질, 당신의 과잉 반응입니다." "나는 예수님의 말씀을 인용한 것뿐인데요." "「탈무드」에도 예수님을 나쁘게 기록해 놓았잖아요." "진짜 문제는……." 이 밖에도 변명이 여남은 가지는 더 된다. 이렇게 변명하면 문제가 해결되지 않고 무시될 뿐이다.

내가 아는 그리스도인이 많은데 그중 절대다수는 유대인을 혐오하지 않으며, 성경을 의식적으로 반유대인 관점에서 읽지도 않는다. 문제는 유대인 혐오가 너무 일상화되어 있어 아예 귀에 들어오지도 않는다는 것이다. 인종 차별, 성 차별, 계급 차별, 몸의 생김새나 동작이나 표현 방식으로 사람을 판단하는 것 등 여타 사회적 죄와 마찬가지다. 유대인 혐오가 귀에 들어온다 해도, 우리는 자신이 더 나아질 수 있다는 가능성에 마음을 열기보다 자신을 방어한다. 복음서를 통해 내가 아는 예수님은 기본적으로 우리를 더 나은 존재가 되게 하시는 데 관심을 두셨다. 그러려면 우리가 마음을 열어야 하는데 그 과정에 고통이 따른다. 심장 절개 수술을 해 본 사람은 잘 안다. 그러나 잘만 끝나면 흉터는 남지만 더 건강해진다. 길이 좁고 여정이 힘들지만 보상은 어마어마하다.

비방과 욕설

"몽둥이와 돌멩이는 뼈를 부러뜨려도 욕은 들을 때뿐이다"라는 속담은 틀린 말이다. 욕은 상처를 남기고 기를 꺾어 사람을 죽일 수 있다. 학교 운동장과 지금은 인터넷에서 괴롭힘을 당하는 아이들이 악담을 견디지 못해 자살하는 경우를 우리는 보았다. 어렸을 때 받은 쓰라린 모욕 때문에 지금도 괴로워하는 성인들도 우리는 알고 있으며, 우리 자신이 그런 사람일 수도 있다.

산상 수훈에서 예수님은 "살인하지 말라"라는 계명을 이렇게 확대하신다. "형제에게 노하는 자마다 심판을 받게 되고 형제를 대하여 '라가'(의미를 알 수 없으나 칭찬의 말은 아니다)라 하는 자는

예수의 어려운 말들

공회에 잡혀가게 되고 '미련한 놈'〔헬라어로 '모론'〕이라 하는 자는 지옥('게헨나') 불에 들어가게 되리라"(마 5:22). 물론 여기에 선고된 게헨나가 사후의 영원한 고통은 아니지만 그렇다고 바람직한 상태도 아니다. 예수님의 말씀이 이렇게 남을 모욕하지 말라는 데서 끝났다면 내게는 훨씬 만족스러웠을 것이다.

그런데 복음서 자체에 걸쭉한 모욕이 심심찮게 등장한다. 세례 요한은 무리 전체(눅 3:7)나 특히 사두개인과 바리새인의 묘한 조합을 일컬어 "독사의 자식들"(마 3:7)이라 했고, 예수님도 바리새인에게(마 12:34) 그리고 바리새인과 서기관에게(마 23:33) 똑같은 모욕을 퍼부으신다. 새끼 독사는 어미의 뱃속에서 나올 때 어미를 파먹어 죽인다고 알려져 있었으므로, 이 모욕은 치명적인 독을 뿜어냈을 것이다(문맥에 잘 맞는 은유다). 물려받은 전통을 말살했다고 여겨지던 그 집단에게 얼마나 걸맞은 모욕인가. 하지만 두 가지 면에서 우리는 이 모욕의 독침을 뽑아낼 수 있다(물론 나는 언어유희를 즐기고 있으며 덕분에 어려운 내용이 더 쉽게 와 닿을 수 있다). 첫째로, 독사는 난태생이다. 어미 독사가 수정란을 체내에서 부화한다는 뜻이다. 다행히 어미는 안전한 정상 출산에 필요한 신체 구조를 갖추고 있다. 그래서 새끼가 어미를 먹는다는 전설은 허구다. 둘째로, 바리새인과 사두개인이 이전의 전통을 말살한 게 아니라 오히려 보전했다는 점에서도 이 전설은 허구다.

예수님이 발하신 모욕은 그 밖에도 많다. 4장에서 보았듯이 그분은 간접적으로 가나안 여인을 개라 부르시고, 바리새인과 서기관을 외식하는 자(위선자)라 부르시며(마 23장), 헤롯 안디바를 여우라 칭하여 비난하신다(눅 13:32). 우리의 취지상 요한복음 8

장 44절의 서막으로 그분은 시몬 베드로를 모든 모욕 중에서 가장 심한 모욕인 "사탄"이라 칭하신다. 가이사랴 빌립보에서 제자들과 대화하시던 중에 예수님은 처음으로 "인자가 많은 고난을 받고 장로들과 대제사장들과 서기관들에게 버린바 되어 죽임을 당하고 사흘 만에 살아나야 할 것"을 공표하신다(막 8:31). 이때까지 비유로 말씀하시던 그분이 마가의 말마따나 이번에는 "드러내 놓고 이 말씀을 하"신다(32절). 베드로는 이 발표에 기겁하여 예수님을 붙들고 항변한다. 그러자 예수님은 역시 드러내 놓고 베드로에게 "사탄아, 내 뒤로 물러가라. 네가 하나님의 일을 생각하지 아니하고 도리어 사람의 일을 생각하는도다"라고 일갈하신다(33절, 참조 마 16:23). 베드로는 가이사랴 빌립보의 이 순간을 평생 잊지 못했을 것이다. 상처가 되는 말은 기억에 남는 법이며, 특히 우리가 존경하거나 사랑하는 사람의 말이면 더하다.

예수님이 베드로를 실제로 사탄이라 생각하신 것은 아니며, 우둔할 때가 많았던 베드로나 다른 제자들을 포기하신 것도 아니다(나보다 인내심이 많으신 분이다). 그래도 이 말씀은 쓰라린 모욕이다. 사탄 내지 마귀(이 경우는 동의어다)와 한편이 되는 것이야말로 하나님의 계획에 어긋날 테니 말이다. 나의 일부 학생들은 "사탄"이라고까지 부르신 예수님의 질책이 '엄한 사랑'이었을 것이라고 말한다. 그럴지도 모른다.

예나 지금이나 모욕은 흔한 일이지만 그렇다고 모욕을 무의미하거나 관습일 뿐이라고 일축해서는 안 된다. 모욕의 배경과 주체와 대상에 주목해야 한다. 모욕이라고 다 무게가 같은 것은 아니다. 이스라엘 백성과 후손은 율법을 저버린 자신들을 규탄한 예언자들의 말을 보존했다. 예언서는 때로 어조가 아주 혹독한데도 여태 그 민족 안에 건재하며, 분명히 사람들을 죄에서 돌이키게 하기 위한 메시지였다. 예수께서 베드로를 "사탄"이라 부르셨지만 알다시피 그가 구원을 잃었다고 보신 것은 아니다. 베드로는 지금도 전체 이야기의 일부로 남아 있다. 그러나 동료 유대인들을 향한 모욕과 규탄이 들어 있는 복음서 본문이 점점 더 이방인 교회에서 쓰이다 보니 자칫 그런 모욕이 변질되기 쉬웠다. 바리새인이나 유대인을 향한 예수님의 책망이 교인들에게, 복음서를 신성하게 여기는 자신들을 향한 질타—예언서의 말씀처럼—가 아니라 외부 사람들을 향한 단죄로 들릴 수 있는 것이다.

마귀와 그의 자식

어렸을 때 회당에서 '지옥'에 대한 말을 들은 기억이 없듯이, 나는 '마귀'에 대해서도 전혀 들은 기억이 없다. 보통명사 '사탄'(히브리어로 정관사를 붙여서 '하-사탄')에 대해서는 히브리어 학교에서 욥기를 배워서 알았다. 그는 하나님의 회의에 참석한 '고소하는 자' 또는 검사였다. 내 어머니가 즐겨 보시던 텔레비전 드라마 중에 레이먼드 버 주연의 〈페리 메이슨〉이 있다. 여러 번 리메이크된 이 드라마에는 주인공 변호사 외에도 비서 델라 스트리트, 탐정 친구 폴 드레이크, 법정의 통상적 적수인 로스앤젤레스 카운티 검사 해밀턴 버거가 등장한다(나는 몇 년이 지나서야 그의 이름이 '햄-버거'임을 깨달았다). 내게 사탄이란, 논고에는 능하나 한 번도 승소하지 못한 해밀턴 버거였다. 메이슨의 의뢰인들도 욥처럼 결국 무죄로 밝혀진다. 해밀턴 버거가 별로 무서운 사람이 아니듯이(오히려 딱해 보였다) 이 사탄에게도 딱히 겁날 것은 없었다.

마귀로 말하자면, 악한 존재라는 의미로 그에 대해 처음 들었던 내 의식 속의 기억은 코미디언 플립 윌슨의 연기를 통해서였다. 그는 "마귀가 시켜서 그랬다"라는 대사를 단골로 써먹었다. 그가 잘 웃기는 코미디언이기는 하지만, 자신의 못된 행동을 초자연적 존재 탓으로 돌린다는 개념은 내게 만만한 책임 회피로 느껴졌다.

그러다 존 밀턴의 『실낙원』을 읽었는데 사탄이 가장 흥미로운 등장인물이었다(그와 데이트할 마음은 없지만 말이다). 이제 그는 하늘의 법정에서 욥을 시험하던 검사도 아니었고, 충절을 저버리도록 꾈 수 있나 보려고 의인을 시험하던 후기 랍비 문헌 속의 인물도 아니었다. 『실낙원』 속의 그는 하나님을 대적하는 자였다.

사탄이 받아들여진 역사도 지옥의 경우처럼 유대교와 기독교가 서로 다르다. 보통명사 '사탄'에 대한 유대교의 관점은 주로 타나크(구약)에서 기원했다. 욥기 1-2장에 몇 번 언급된 것을 제외하면 그 단어는 구약에 두 번 나오는데 창세기에는 없다.

첫 번째 예는 스가랴 3장 1-2절이다. 예언자의 묵시적 환상 속에 여호수아라는 대제사장을 대적하는 사탄(하-사탄)이 등장한다. 하지만 하나님이 페리 메이슨처럼 대제사장을 변호하시므로 사탄은 속수무책이다. "사탄[헬라어로 소문자 '디아볼로스']아, 여호와께서 너를 책망하노라. 예루살렘을 택한 여호와께서 너를 책망하노라. 이는 불에서 꺼낸 그슬린 나무가 아니냐."

예수의 어려운 말들

두 번째 본문의 경우는 일종의 정보 조작에 쓰였다. 우선 사무엘하 24장 1절에 보면 "여호와께서 다시 이스라엘을 향하여 진노하사 그들을 치시려고 다윗을 격동시키사 가서 이스라엘과 유다의 인구를 조사하라 하신지라"라고 되어 있다. 하나님이 진노하신 이유와 다윗을 격동하여 인구를 조사하게 하신 이유는 본문에 나와 있지 않다. 인구 조사가 왜 문제인지에 대한 설명도 없으나 답을 가정해 볼 수는 있다. 오늘날의 전국 인구 조사 자료는 예컨대 자원 분배에 유용하게 쓰인다. 옛날에는 인구 조사를 통해 정부가 가능한 징세 규모(누가복음 2장 1절의 첫 독자들은 나사렛의 마리아와 요셉을 베들레헴으로 소환한 가이사 아구스도의 인구 조사에 대해 그런 생각이 들었을 것이다)와 징집 병력 규모(이 후자에 대해서는 사무엘하 24장 9절을 참조하라)를 파악했다. 출애굽기 30장 11-16절은 인구 조사를 재앙의 가능성과 연계시키는데, 신설 세금이나 징병도 내게는 재앙처럼 보인다.

백성을 세는 인구 조사가 왜 재앙이나 악이나 죄와 닿아 있는지에 대해서는 많은 신학적 설명이 있다. 내가 좋아하는 설명은 인구 조사가 인간을 숫자로 둔갑시킨다는 것이다. 하나님의 형상과 모양이라는 우리만의 도장이 찍힌 각 개인을 말이다. 또 다른 설명은 적어도 유대인의 경우 하나님이 아브라함에게 하늘의 별과 바다의 모래보다 많은 후손을 약속하셨다는 것이다(창 22:17, 참조 호 1:10). 따라서 숫자를 세면 하나님의 약속을 제한하는 셈이 된다.

인구 조사가 이렇듯 악한 일이라면 여기서 신학적인 문제가 생겨난다. 하나님이 다윗을 격동하여 그 일을 하게 하셨으니 말이다. 이 문제는 정보 조작으로 해결된다. 역대상 21장 1절에 따르면 다윗을 꾀어 인구를 계수하게 한 것은 **사탄**이다. 여기서는 히브리어 단어 '사탄'이 정관사 없이 고유명사로 쓰였고, 칠십인역에는 첫 글자에 대문자를 쓴 '디아볼로스'로 옮겨져 있다.

사탄이 타락한 천사, 하나님을 대적하는 세력, 악에 빠뜨리려는 악한 유혹자 등으로 등장하는 것은 타나크(히브리 성경, 구약)에 속한 책들 바깥에서만 그렇다. 복음서에서 예수님이 시험 받으시는 이야기(예컨대 마 4:10, 막 1:13)에 나오는 사탄 내지 마귀도 바로 이 후기의 이미지다. 누가복음 22장 3절에 보면 예수님을 죽음에 이르게 하는 과정은 사탄이 가룟 유다에게 들어감으로써 시작된다(참조 요 13:2).

1세기의 대다수 사람에게 세상은 신적인 존재들이 사는 곳이었다. 그중 더러는 이스라엘의 하나님과 그분의 천사들처럼 선했고, 더러는 사탄과 그의 수하 귀신들처럼 파멸을 일삼았다. 천사의 예로는 누가복음 1장에서 사가랴와 마리아에게 나타난 가브리엘이 있고, 귀신의 예로는 거라사 사람 속에 들었던 '군대' 귀신이 있다(참조 막 5:1-20). 이방인 세계에도 똑같은 개념이 작용하여 선한 신들과 악한 신들이 공존했다. 사탄 내지 마귀는 하나님을 대적하는 모든 것을 의미하게 되었고, 많은 사람이 악한 사탄 및 추종자들(신적 존재와 인간)과 선하신 하나님 및 추종자들(신과 인간) 사이에 지속되는 우주적 전쟁을 생각하기에 이르렀다.

귀신 들린 사람은 죄인으로 취급된 것이 아니라 연민과 돌봄과, 가능하다면 축사의 대상이었다. 반대로 예수님은 사실상 성령에 '씌셨다.' 예수님이 세례를 받으실 때 성령께서 그분에게 임하셨다. 그래서 그분은 사탄에게 그리고 인간을 홀리는 그의 모든 대리인에게 능히 맞서 싸우신다.

사탄에 씐 상태는 사탄의 자식 또는 '마귀의 자식'인 상태와는 다르다. 씐 사람의 행동은 평소와는 다르거나 자신의 뜻에 어긋나는 정도다. 그러나 하나님의 참 자녀는 그분이 원하실 만한 행동을 하고, 사탄의 자식은 성향상 당연히 악을 일삼는다. '귀신 들린' 상태는 축사를 통해 치유될 수 있지만, 마귀의 자식은 악의 화신이므로 그런 사람에게는 희망이 없다.

"일부 칼뱅주의 사상에서 볼 수 있는 이중 예정론처럼 들린다." 그런 생각이 든다면 당신의 생각이 옳다. 초기 유대교 사상에도 예정론 개념이 존재했다. 1세기의 유대인 역사가 요세푸스에 따르면, 바리새인은 하나님이 인간사에 관여하시되(운명) 인간에게도 자유 의지가 있다고 믿었고, 사두개인은 자유 의지만 믿었으며(그럴 만도 한 게 그들은 주로 부자인지라 성공을 자신의 똑똑한 행동 탓으로 돌릴 수 있었다), 에세네파는 운명 내지 예정론을 믿었다.

랍비 문헌 「피르케이 아보트」('선조의 윤리'라는 뜻)에 인용된 위대한 랍비 아키바는 "모든 것이 예견되어 있되 자유로운 선택도 허용된다"라고 선언했다(3:15). 「바벨론 탈무드」(베라코트 33b, 참조 니다 16b)에도 모든 일이 하나님의 권능에 속하지만 그분을 경외하는 것만은 예외라는 랍비 하니나의 말이 나온다. 그의 견해는 다음과 같은 신명기 10장 12절에 근거한 것이다. "이스라엘아, 네 하나님 여호와께서 네게 요구하시는 것이 무엇이냐. 곧 네 하나님 여호와를 경외하여 그의 모든 도를 행하고 그를 사랑하며 마음을 다하고 뜻을 다하여 네 하나님 여호와를 섬기고." 나는 이 랍비의 말에 일부만 동의한다. 율법의 도를 행하는 거야 우리가 선택할 수 있지만, 내 생각에 사랑하기로 선택할 수는 없다.

바울 서신은 자유 의지보다 운명을 중시하던 에세네파 쪽 입장으로 기울 때가 간혹 있다. 데살로니가전서 3장 3-4절에서 바울은 독자들이 당하고 있던 박해를 가리켜 "우리가 이것을 위하여 세움 받은[예정된, NRSV]" 것이라고 말한다. 그의 말은 "우리가 너희와 함께 있을 때에 장차 받을 환난을 너희에게 미리 말하였는데 과연 그렇게 된 것을 너희가 아느니라"라고 이어진다. 에베소서 1장 4절에는 "곧 창세 전에 그리스도 안에서 우리를 택하사 우리로 사랑 안에서 그 앞에 거룩하고 흠이 없게 하시려고" 이 회중의 구원을 예정하셨다고 선포되어 있다.

운명과 자유 의지의 관계에서, 내가 보기에 대부분의 행동은 우리가 선택할 수 있다. 이 조치를 취하고, 이 길로 가고, 이 돈을 기부하고, 저 담배를 삼갈 수 있다. 그러나 내 생각에 믿음과 사랑은 우리가 선택하는 게 아니다. 내가 이해하는 믿음이란 우리가 거기로 부름 받는 것—소명—이지 논리적 논증의 결론이 아니다. 바울도 얼간이가 아닌 만큼, 다메섹 도상에서 환상을 보고 명령을 받은 체험이 없었다면 예수님과 관계를 맺지 않았을 것이다. 누가복음에서 신분을 숨기신 예수님을 만났다고 기록된 엠마오 도상의 두 제자가 그분이 메시아이심을 알아본 것은 성경 공부—교사가 그분 자신이셨는데도—를 통해서가 아니라 떡을 뗄 때였다. 즉 성찬식을 통해 그분의 임재를 체험한 그때였다.

요한복음의 입장도 내가 보기에 다분히 예정론 쪽이다. "내 아버지께서 오게 하여 주지 아니하시면 누구든지 내게 올 수 없

예수의 어려운 말들

다" 하신 6장 65절 같은 구절들이 그렇게 해석되어 왔다. 반면에 나와는 다르게 보는 학자도 많다. 흔한 반론은 "하나님이 세상을 이처럼 사랑하"시므로 모든 사람을 부르시며, 따라서 그 부름에 응하지 않는 이들은 본인 탓이라는 것이다. 역시 개인적으로 내게 는 말이 안 되는 소리다. 애초에 나는 그 부름을 느껴 본 적이 없 다. 이 또한 많은 교회와 강의실에서 논의해 볼 만한 주제다. 운명 (하나님의 뜻)과 인간의 자유 의지는 각각 어디까지인가?

예정론이 옳다면, 하나님에 대해 문제가 발생한다. 그분이 — 아무래도 임의로 — 어떤 이들은 구원받도록 정하시고 어떤 이들 은 망각 속에 사라지도록 정하시니 말이다. 내게 그것은 만족스러 운 그림이 아니다. 다행히 그 그림만 있는 것은 아니다.

요한복음 전체의 정황 속에서 보는 8장 44절

문제의 구절은 예수님과 유대인들(유다이오이. 이 단어를 어떻게 번 역할 것인가의 문제는 뒤에서 살펴볼 것이다)의 더 긴 대화 속에 등장 한다. 단락이 긴 까닭은 공관복음(마태복음과 마가복음과 누가복음) 의 이야기들이 비교적 짧고 서로 딱딱 구분되는 데 반해, 요한복 음의 예수님은 긴 강화를 통해 가르치시며 대개 하나의 이야기가 거의 이음매 없이 다음 이야기로 이어지기 때문이다.

단락의 막이 오르면 예수께서 예루살렘 성전에서 자신이 "세 상의 빛"(요 8:12상)이며 따라서 자신을 따르지 않는 자들은 어둠 에 다닌다고 선포하신다(요한이 시종 활용하는 빛과 어둠의 은유는 요한복음의 또 다른 문학적 조명 장치다). 이어 예수님과 바리새인들은 그분의 증언의 정당성, 그분이 가시는 곳에 그들은 올 수 없다는 말씀의 의미, 그분의 아버지(하나님)의 정체, 그분 자신의 정체 등에 대해 토론한다. 그러다 8장 31절에서 대화 상대가 "바리새인들"에서 "자기(예수님)를 믿은 유대인들"로 바뀐다. 요한은 그들이 한때 제자였다는 인상을 풍기지만, 8장이 끝날 때쯤이면 명백히 그들은 더는 제자가 아니다. 게다가 8장 끝에서는 요한이 모든 유대인에 대해 말하는 것 같다.

그다음 절에 "진리를 알지니 진리가 너희를 자유롭게 하리라"(32절)라는 유명한 말씀이 나온다. 이에 유대인들은 자기네가 종이 된 적이 없다고 항변한다. 이 구절은 "우리가 죄의 종이 된 적이 없거늘"의 의미로 해석될 수도 있지만, 내 생각에 요한의 의도는 그것이 아니다. 그보다 그들은 이집트에서 노예로 살았던 수백 년의 역사를 망각했는데, 이는 오히려 역설적 결과를 낳는다. 본문이 남기는 인상은 그들이 과거를 부인함으로써 자신들의 정체를 부인한다는 것이다. 그 인상은 금방 사실로 확인된다.

이제 대화는 아버지가 누구인가의 문제로 자연스레 이어진다. 일단 예수님은 "나도 너희가 아브라함의 자손인 줄 아노라"(37절상)라고 인정하신 뒤 그들에게서 이 혈통을 박탈하신다. "너희가 아브라함의 자손이면 아브라함이 행한 일들을 할 것"(39절)이기 때문이다. 아브라함은 충실했으나 예수님의 말씀대로 이 유대인들은 그분을 죽이려 했다.

유대인들은 한술 더 뜬다. 자신들이 아브라함의 자손일 뿐 아니라 "(우리의) 아버지는 한 분뿐이시니 곧 하나님이시로다"(41절)

예수의 어려운 말들

라고 선언한 것이다. 그러자 예수님은 "하나님이 너희 아버지였으면 너희가 나를 사랑하였으리니"(42절)라시며 그들에게서 이 아버지마저 박탈하신다. 그분의 결론에 따르면 유대인들이 그분 자신에 대한 예수님의 주장을 받아들일 수 없었던 이유는 이것이다. "너희는 너희 아비 마귀에게서 났으니 너희 아비의 욕심대로 너희도 행하고자 하느니라. 그는 처음부터 살인한 자요 진리가 그 속에 없으므로 진리에 서지 못하고 거짓을 말할 때마다 제 것으로 말하나니 이는 그가 거짓말쟁이요 거짓의 아비가 되었음이라"(44절). 대화는 열네 구절이나 더 계속되다가 유대인들이 돌을 들어 예수님을 치려 하면서 끝난다.

자, 이제 어찌할 것인가?

본문과 씨름하라

특히 쇼아(홀로코스트)의 참상과 제2차 바티칸 공의회 이후에 집필한 주석가들은 마귀에 대한 이 구절에서 독침을 뽑아내려 했다. 그 노력이야 존중하지만 내게는 그런 주장이 설득력이 없다. 반대로 당신은 거기에 동의할 수도 있다. 이런 견해 차이야말로 성경 해석 기법의 일부이며 나아가 당신이 옳을 수도 있다.

일각에서는 이 구절을 비롯한 요한복음 전체의 '유다이오이'(70회쯤 쓰였다)가 사실은 '유대인 지도자들'을 뜻하며, 따라서 여기서든 이후에든 요한이 모든 유대인을 규탄한 것이 아니라고 본다. 이 주장대로라면 요한복음에 이 단어가 쓰일 때마다 요한의 지칭 대상이 모든 유대인인지 아니면 일부 유대인지를 우리가 판단해야 한다. 하지만 독자들은 그렇게 읽지 않는다. '유다이오이'라는 단어는 종(鐘)처럼 반복해서 울려 결국 전체 언급이 하나로 뭉쳐진다. 게다가 "자기〔예수님〕를 믿은 유대인들"이라는 특정 집단을 유대인 '지도자들'로 보아야 할 이유가 본문에 전혀 없다. 8장 끝에 가면 모든 자칭 '유다이오이'가 마귀의 자식이라는 인상이 남는다.

어떤 사람들은 요한의 말이 배척당한 상처에서 비롯되었다고 본다. 회당에서 출교당한(참조 요 9:22, 12:42, 16:2) 요한이 "너희 유대인들은 그리스도를 고백하는 우리를 쫓아냈다. 그러니 우리의 독설은 그 분열의 결과다"라는 논조로 되받아쳤다는 것이다. 문제는 당시의 유대인들이 그리스도를 고백하는 이들을 쫓아냈다는 증거가 없다는 것이다. 요한복음에서도 출교가 실제로 행해지지는 않고 위협으로만 그친다. 바울도 자신이 디아스포라 지역의 회당들에서 매를 맞았다고 했지(고후 11:24) 출교당했다고는 하지 않았다. 콘스탄티노플 대주교였던 요한 크리소스토무스(347-407년)는 안디옥의 관할 교회들에서 그리스도인들이 회당 예배에 참석하는 것을 호되게 꾸짖었다. 유대인들은 그리스도를 고백하는 이들을 쫓아내지 않고 오히려 환영했다.

설령 그런 출교가 발생했다 하더라도, 이 설명은 예수님을 주님으로 선포하는 유대인을 동료 유대인이 문제 삼았을 이유 또한 캐묻지 않는다. 온 백성이 '하나님의 자녀'였으니 이것은 신학적 문제라기보다 정치적 문제였다. 십자가에서 죽은 사람을 디아스포라 지역에서 '주님'으로 선포하면 현지 로마인들의 의심을 샀을

예수의 어려운 말들

것이다. 그런데 예수님을 따르던 무리는 한술 더 떠서, 이방인들에게 지역 신과 제국 신을 그만 숭배하고 이스라엘의 하나님만 예배하라고 권했다. 일반 이방인의 관점에서는 그런 신들이 도시와 제국을 수호했으므로 숭배를 멈추면 도시와 제국이 위험해진다. 이 메시지의 출처가 유대인 메시아를 신봉하는 유대인들이다 보니 그 밖의 유대인들까지 위험해졌을 것이다. 끝으로, 만일 내가 다니는 회당에 누가 와서 말하기를 유대교 전통에 충실하려면 예수님을 예배하는 길밖에 없다고 주장한다면, 그는 교회에 와서 무함마드가 하나님의 예언자며 신구약 성경이 쿠란으로 대체되었다고 선포하는 사람만큼이나 환영받지 못할 것이다.

세 번째 견해는 헬라어 단어 '유다이오스'를 '유대인'이 아니라 '유대' 지역으로 번역하는 것이다. 이 번역도 정당하며 경우에 따라서는 더 바람직하다. 예컨대 지리를 말할 때는 '유대인'보다 '유대'의 의미가 더 잘 통한다. 요한복음 3장 22절에 "예수께서 제자들과 [유다이안] 땅으로 가서"라는 말이 있는데, 대다수 역본에 "유대 땅"으로 잘 옮겨져 있다. 그러나 사람을 지칭할 경우에는 지역 연계와 더 광범위한 연계 중에서 어느 쪽을 강조할지를 우리가 판단해야 한다. 후자의 의미라면 '유대'보다 '유대인'이 더 적합하며 특히 현대 독자에게 그렇다.

이 견해에는 유익이 하나 있으나 문제점은 여러 가지다. 유익은 반유대인 사상의 출현이나 강화를 피할 수 있다는 것이다. 요한복음 20장 19절에 보면 "이날 곧 안식 후 첫날 저녁 때에 제자들이 [유다이오이](를) 두려워하여 모인 곳의 문들을 닫았더니 예수께서 오사 가운데 서서 이르시되 '너희에게 평강이 있을지어다'"

라고 되어 있다. 문제의 원어를 '유대 (지방) 사람들'로 번역하면, 제자들이 —자기네도 유대인이면서— 유대인들을 두려워했다는 이상한 표현이 사라진다. 아울러 전반적 "유대인들"이 예수님의 제자들을 잡으려 했다는 개념도 피할 수 있다. 제자들이 갈릴리 출신인 점을 떠올리면(가룟 유다는 유대 출신으로 간주될 때도 있다) '유대'라는 지명으로 번역해도 말이 된다. 그러면 '마귀의 자식'은 유대인들이 아니라 유대 지역민들이 된다.

이 주장의 많은 문제점 중에서 네 가지만 꼽자면 다음과 같다(이 부분에서 페리 메이슨과 해밀턴 버거와 내가 아주 좋은 팀을 이루어 증거를 분석할 수 있겠다는 생각이 점점 강하게 든다). 첫째로, 유대 인과 유대로 구별해도 서로 다르지 않을 수 있다. 유대 지역민은 당연히 유대인으로 통했다. 둘째로, 유대인을 유대로 바꾸려면 이 단어가 쓰인 70회에 각각 주목해야 하는데, 대다수 독자는 그렇게 읽지 않는다. 단어의 반복도 내러티브 기법의 일부이므로, 사실 작가도 이야기를 그렇게 쓰지 않는다. 셋째로, '유대'는 광의와 협의 둘 다로 쓰일 수 있다. 전자는 유대가 집안의 본관인 모든 사람을, 후자는 '갈릴리'에 대비되는 '유대'를 가리킨다. 바울 일가는 다소에 살았지만 보기에 따라서는 그도 유대 사람이었다. 오늘날에도 사람의 거주지와 국가 정체성이 서로 다를 수 있다. 미국 시민권자도 출신 민족을 밝힐 때는 "나는 아일랜드 사람이다", "나는 케냐 사람이다", "나는 아르헨티나 사람이다"라고 말할 수 있다. 그런가 하면 '유대 사람'은 유대인의 조국 중에서도 남부인 유대의 거주자만 지칭할 수도 있다. 요한복음은 예수님이 유대 출신이 아니라 갈릴리 나사렛 출신이심을 분명히 밝힌다(유대 베들레헴을 배경으로 한 그분의 탄생 이야기도 요한복음에는 없다). 이 단어가 요한복음에 어떻게 쓰이는지를―각 용례마다 광의인지 협의인지를―독자에게 판단하라는 것은 무리한 요구다.

끝으로, 요한복음만이든 신약 전체에서든 시종일관 '유대'로 번역하면 신약의 유대인들이 사라진다. 그러면 그들과 직접 관련된 모든 사람도―예수님까지 포함하여―유대인의 정체성을 잃는다. 신약학에서 '유대인'보다 '유대'라는 번역이 다소 우세해지던 지난 2005년에 나는 후자의 역어를 누가 쓰는지 확인해 보았다. 예상대로 신나치주의와 KKK단의 여러 웹 사이트가 검색되었다. 왜 그럴까? 신약에 유대인은 없고 유대 사람만 있다면, 예수님도 유대인일 수 없다. 그래서 역사에 무지한 이 단체들은 그분이 아리아인(유대인이 아닌 백인)일 수밖에 없다고 단정한다. '유대인' 대신 '유대'라는 역어를 쓰는 것은 이번 장과 앞 장의 주제를 살려서 표현하자면, "지옥으로 가는 길은 선의로 포장되어 있다"라는 격언의 좋은 사례다.

많은 교회에서 요한복음의 수난 기사를 읽는 고난 주간에 특히 각 회중마다 다음과 같은 구절로 토의하면 좋을 것이다.

- 요한복음 18장 36절. 예수께서 "내 나라는 이 세상에 속한 것이 아니니라. 만일 내 나라가 이 세상에 속한 것이었더라면 내 종들이 싸워 나로 **유대인들에게 넘겨지지** 않게 하였으리라……"라고 말씀하신다.
- 요한복음 19장 7절. 빌라도에게 **"유대인들이 대답하되 '우리에게 법이 있으니 그 법대로 하면 그가 당연히 죽을 것은** 그가 자

기를 하나님의 아들이라 함이니이다'"(사실 그런 법은 존재하지 않는다).

- 요한복음 19장 12절. 예수님을 놓아주려는 빌라도에게 "**유대인들이 소리 질러 이르되 '이 사람을 놓으면 가이사의 충신이 아니니이다. 무릇 자기를 왕이라 하는 자는 가이사를 반역하는 것이니이다.**" (이상 강조 추가)

'유대'로 번역하면 문제가 경감될 수 있다. '유대인 지도자들'이라는 과잉 해석도 마찬가지다. 그러나 번역을 그렇게 고치면 예수님 자신의 유대인 정체성까지 없애 버릴 우려가 있다. 아울러 이전처럼 반유대인적 해석의 빌미로 오용되지 못하게 막느라고 결과적으로 본문 자체를 없애 버릴 수도 있다.

이것은 교회에서 논의해야 할 사안이다. 성서일과(聖書日課, 교회력에 맞춘 성경구절 목록―옮긴이) 독본, 설교 주제, 어린이 교육, 성경 공부, 교회 도서실 장서 등도 그런 논의에 포함될 수 있다. 결코 쉽지 않겠지만 꼭 필요한 작업이다.

악마화를 극복하라

요한복음에는 감동적인 아름다움과 엄청난 격려의 순간들이 있다. 요한의 어법 덕분에 우리는 반짝반짝 빛나는 세상을 볼 수 있다. 마치 뺨에 닿는 모든 산들바람, 우리 입으로 발하거나 귀에 들려오는 모든 단어, 모든 광경과 모든 맛에 신성이 깃들어 있는 것

예수의 어려운 말들

같다. 그러나 요한복음에는 사랑과 은혜 대신 혐오와 편견을 부추겨 온 대목들도 있다. 그래서 우리는 잠재적 문제를 더 잘 파악하고 적극적으로 바로잡아야 한다.

그동안 나는 성직자 대상의 워크숍이나 강의실, 주재 학자와의 좌담, 설교학 대회 등에서 요한의 어법에 대해 그리스도인들과 대화를 나누었다. 그들 중 대다수는 관련 본문들을 예수님의 중심 가르침과 조화시키려 애쓴다. 그분의 중심 가르침은 혐오와 배제가 아니라 사랑과 포용이며, 남에게 대접을 받고자 하는 대로 남을 대접하는 것이다.

요한복음 8장 44절은 그 어느 성서일과에도 실려 있지 않지만 "유대인들"을 언급한 다른 까다로운 본문들은 수록되어 있다. 다행히 소수의 교파에서 성서일과 독본을 재검토하기 시작했다. 예컨대 개정판 「공동성서일과」의 A해 사순절 넷째 일요일에 요한복음 9장 18-22절이 들어 있다. 회중은 맹인으로 난 사람의 이야기 중 일부를 듣는다. "유대인들이 그가 맹인으로 있다가 보게 된 것을 믿지 아니하고 그 부모를 불러…… 그 부모가 이렇게 말한 것은 이미 유대인들이 누구든지 예수를 그리스도로 시인하는 자는 출교하기로 결의하였으므로 그들을 무서워함이러라." 그래서 회중은 예수님을 따르던 이들을 유대인들이, 즉 **모든** 유대인이 쫓아내는 줄로 안다. 동시에 이 본문은 예수님을 따르던 사람은 모두 '유대인'이 아니라는 인상도 풍긴다. A해 사순절 다섯째 일요일의 독본에는 요한복음 11장 8절이 들어 있다. "제자들이 말하되 '랍비여, 방금도 유대인들이 돌로 치려 하였는데 또 그리로 가시려 하나이까.'"

이번 장을 쓰면서 나는 B해 사순절 셋째 일요일인 2021년 3월 7일에 워싱턴 내셔널 성당에서 온라인으로 전해질 설교도 함께 작성하고 있다(계획대로 잘되면 대성당 웹사이트와 내 페이스북 페이지에서 들을 수 있을 것이다). 그런데 해당 성서일과를 보니 십계명(출 20:1-17)과 시편 19편(하나님이 모세를 통해 이스라엘 백성에게 주신 토라를 경축하는 내용)이 요한복음 2장 13-22절의 성전 사건과 한데 묶여 있다. 그러다 보니 회중은 성전의 "유대인들"이 열 가지 계명을 전부 다 어겼다는 인상을 받는다.

랍비들의 교훈과 율법상의 가르침을 요약한 고대 「탈무드」의 권고에 따르면, 토라 전체(예컨대 모세오경)를 회중에게 낭독해야 하지만 이스라엘 민족의 언어인 아람어로 전부 다 번역해서는 안 된다. 예컨대 랍비들은 야곱의 맏아들 르우벤이 빌하와 동침했다고 명시된 창세기 35장 22절을 몹시 불편해 했다. 빌하는 라헬이 불임일 때 야곱에게 준 그녀의 시녀였다. 전통적으로(t. 메길라 3:35) 이 본문은 아람어 번역('타르굼'이라 한다) 없이 낭독만 하도록 되어 있다. 금송아지 사건의 두 번째 기술(출 32:21-24), 암논이 여동생 다말을 강간한 이야기(삼하 13장), 기타 소수의 문제성 본문도 똑같이 번역이 생략된다. 성경 본문이라 해서 일요일 아침에 회중에게 전부 다 선포할 필요는 없으며, 특히 기독교 성경(신약)이 그렇다.

성서일과를 따르지 않는 교회들은 대개 설교나 본문 교재를 따로 개발할 시간이 더 많다. 이는 성경 저자의 의도와 무관하게 혐오의 메시지로 들릴 만한 구절들을 제대로 설명할 수 있는 절호의 기회다.

예수의 어려운 말들

그 밖의 방안으로는 예배 순서지에 주를 달아 놓기, 논란의 본문들이 어떻게 혐오의 메시지로 오용되어 왔는지를 회중에게 교육하기, 의지적으로 악의 대신 선의로 해석하기 등이 있다. 그런 본문이 낭독될 때면, 회중석 뒤쪽이나 강의실 맨 끝줄에 에이미질이 앉아 있다고 생각해도 좋다.

나가며

어려움을 인정하라

성경을 정답지가 아니라 제대로 질문하도록 돕는 책으로 본다면, 우리는 성경은 물론이고 성경을 신성하게 여기는 전통들까지 존중하는 것이다. 예컨대 성경을 읽노라면 경제에 대해 질문할 수밖에 없다. 자원은 어디서 나고, 우리는 그것을 어떻게 사용하며, 그것은 어떻게 우리를 지배하는가? 성경은 가족의 가치에 대해서만 아니라 우리의 정체성에 대해서도 질문을 제기한다. 정체성에는 부모, 형제, 배우자, 자녀와 관계된 것도 있지만 스스로 정립하려는 정체성도 있다. 우리는 무엇을 위해 어떻게 기억되고 싶은가? 성경은 노예 제도가 고대인에게—또한 불과 몇 세기 전까지만 해도 온 세상 사람에게—지극히 정상이었음을 일깨워 준다. 그러면서도 성경은 우리 전통의 핵심을 진지하게 대할 것을 촉구한다.

어떻게 우리는 만인이 하나님의 형상대로 지음 받았다고 주장하면서 동시에 인간을 인간 이하나 재산으로 생각할 수 있는가? 오늘의 교회들은 이상적인 제자가 종이라는 은유, 예수님이 모든 사람의 종이라는 은유와도 씨름해 볼 수 있다. 이런 은유는 사람에 따라 해방감을 주기도 하고 치명상을 입히기도 한다.

성경은 우리가 어떻게 사람을 인사이더와 아웃사이더로, 즉 우리 공동체 식구와 다른 단체 소속으로 구분하는지를 묻는다. 이 둘을 나누는 경계선이 요긴할 때는 언제이고 해로울 때는 언제인가? 교회의 자원은 누구에게 어떻게 분배되어야 하는가? 이런 질문은 교회에 도전으로 다가올 수 있다. 예배에 온전히 참여할 수 있는 사람과 주변부에 있는 사람은 각각 누구인가? 어떻게 나그네를 환대하면서 동시에 나그네도 우리에게 뭔가 기여할 수 있음을 인정할 것인가?

성경이 말하는 내세에 대한 일부 해석은 무수한 그리스도인에게 해를 끼쳐 왔다. 그들은 최후의 심판을 두려워하며 하나님이 폭군인 줄로 안다. "나는 구원받았으니 내 마음대로 살아도 된다"라는 관점도 해롭기는 마찬가지다. 이것은 바울이 고린도 공동체에서 이미 부딪쳤던 문제다. 유대인을 악마화하는 요한복음에 대한 일부 해석은 신약의 여러 다른 본문과 어우러져, 유대인(예수님 자신의 민족)과 그리스도인(예수님을 따르는 사람들)의 관계에 해를 끼쳐 왔다. 우리는 어떻게든 사랑의 복음서가 혐오의 메시지로 둔갑되지 않게 할 책임이 있다.

성숙한 믿음은 이런 질문과 씨름하고, 각 질문을 불러일으키는 본문과 씨름한다. 용감한 대응은 문제의 본문을 무시하지 않고

예수의 어려운 말들

직시하는 것이다. 목회적 대응은 그런 본문이 해를 끼쳐 왔고 앞으로도 해를 끼칠 수 있음을 인정하는 것이다. 돈을 모아도 되는지 염려하는 사람, 죽음을 앞두고 지옥 불을 두려워하는 사람, 노예 제도가 용인된다는 이유로 복음서를 배격하는 사람에게 "당신의 과잉 반응입니다"라든지 "다른 구절들을 봅시다"라고만 말해서는 안 된다. 신학적 대응은 성령의 인도하심을 받아 본문을 해석하는 것이다. 그러면 두려움과 혐오 대신 풍성한 삶을 만날 수 있다.

군이 성경학자가 아니어도 문제의 본문들과 씨름할 수 있다. 나는 사람들이 성경에서 아무런 문제점도 보지 못할 때가 더 걱정되고 제기되는 의문조차 무시할 때는 더욱더 걱정된다. 본문의 의미를 묻지 않거나 본문의 내용과 씨름하지 않는다면, 우리는 회중과 특히 젊은층에게 몹쓸 짓을 하는 것이다. 제자도란 고분고분한 양처럼 된다는 뜻이 아니다.

내 생각에 또한 건강한 제자도란 "이 본문은 나에게 어떤 의미인가?"를 지나 "원문의 문맥에서는 어떤 의미였을까?"를 묻는 데까지 나아간다. 예수님의 표현을 빌리자면 십 리까지 더 가는 셈인데, 그러려면 일이 더 많아진다. 경우에 따라 역사가 도움이 될 수 있다. 본문이 누구에게 왜 기록되었는지를 알면 원래 어떤 뜻이었을지도 더 잘 이해할 수 있다. 어떤 때는 헬라어 원문에 주목하면 도움이 된다. 때로 번역이 문제를 악화시킬 수 있기 때문이다. 예컨대 흠정역에 줄곧 '지옥'으로 표현된 단어는 '게헨나'로 번역하는 게 더 좋다.

그러나 역사나 언어학 같은 학문적 접근으로 모든 잠재적 문제가 풀리지는 않는다. 저자나 집필 대상이 확실하지 않을 때도 있고 저자의 '의도'는 어차피 추측으로 알아내는 수밖에 없다. 게다가 예수님이 유대인들에게 아람어로 말씀하신 것을 복음서 저자들이 헬라어로 기록할 때나 헬라어를 쓰던 이방인들이 읽을 때, 그분이 의도하신 것과는 의미가 달라졌을 수도 있다.

예수님의 의도든 복음서 저자들의 의도든 의도를 파악하기란 어려운 일인데, 여기 그 한 예가 있다. 친한 친구와 함께 이 책의 내용으로 대화하던 중에 그녀가 내게 이런 말을 했다. "어떤 독자들은 네가 예수님과 신약과 그리스도인들을 미워한다고 결론 내릴 거야." 안타깝게도 아마 그럴지도 모른다. 전혀 사실무근인데도 말이다. 내가 만일 신약과 그리스도인 공동체를 미워한다면, 이렇게 평생을 바쳐(내 나이가 지긋한 편이다) 신약을 연구하지 않았을 테고 신약을 신성하게 여기는 사람들과 함께 일하지도 않았을 것이다. 나는 예수님을 예배하지는 않지만 계속 그분께 배우고 계속 그분과 씨름한다. 그만큼 관계가 건강하다는 표시다.

사람들이 내게 성경―유대교 정경과 기독교 정경 모두―에 어떻게 접근하느냐고 물을 때면, 내게 가장 유익한 은유는 절친한 친구나 배우자의 은유다. 사랑이 충분히 탄탄하면 솔직함은 위협이 못 된다. 이런 말이 가능해진다. "당신의 말뜻이 이해가 안 가네요." "당신의 그 말은 내게 상처가 됩니다." "내 생각에 그것은 위험한 발언입니다." 심지어 "어떻게 감히 그런 말을!"도 괜찮다. 절친한 친구나 배우자는 우리의 도덕적 나침반을 버리라고 강요하지 않으며 적어도 그래서는 안 된다. 마찬가지로 우리 쪽에서도 친구나 배우자의 말을 이해하려 최선을 다한다. 사랑이 있기에 관계가 유지된다. 이따금씩 견해 차이를 인정해도 사랑은 지속된다.

미래로 나아가기 위한 몇 가지 조치

성경의 책들은 특정한 때와 장소에서 특정한 사람들이 각자의 독자에게 줄 메시지를 기록한 것이다. 그런 메시지가 1세기에서 21세기로 잘 전환되지 않을 때도 있고, 21세기의 우리가 품은 의문이 복음서 본문과 잘 연결되지 않을 때도 있다. 그래도 본문이 신경과민이나 편견이나 수치심 대신 꼭 선을 증진하는 데 쓰이게 하려면, 우리가 취할 수 있는 몇 가지 조치가 있다. 다음은 그중 세 가지다.

첫째로, 많은 의문의 첫 말은 성경에 있으나 마지막 말은 결코 그렇지 않다. 본문의 의미는 늘 진행형이다. 우리가 새로운 질문을 제기하고 새로운 통찰을 발견하고 새로운 해석의 목소리를 반기기 때문이다. 그렇지 않다면 목사와 신부는 일요일 아침에 새롭게 제시할 내용이 전혀 없을 것이다. 성경 공부는 지루하기 짝이 없어질 것이다.

우리는 다 공사 중인 건물이다. 기독교 전통은 예수님의 재림을 기다리고('시기'와 심지어 '여부'에 대해서는 자칭 그리스도인들 사이에도 견해가 다양하다), 유대교는 메시아가 오시기를 기다린다('시기'와 '여부'에 대해서는 똑같이 이견이 많다). 기다리는 동안 우리는 협력할 수 있다. 제2성전기 유대교라 불리는 1세기 역사를 공유하고 있으므로 함께 배우고 함께 해석할 수 있다. 또한 함께 씨름할 수 있다.

둘째로, 우리는 본문이 해를 끼칠 수 있음을 보아 왔다. 우리가 할 일은 본문이 해를 끼치고 악마화하고 배척하게 하는 게 아니라 어떻게든 격려와 환대를 베풀게 하는 것이다. 그러려면 때로 씨름이 필요하다. 하지만 걱정하지 않아도 된다. 우리의 그런 씨름을 마태와 마가와 누가와 요한이 능히 감당할 수 있다. 아울러 내 생각에 그들은 자신이 이해한 '기쁜 소식'만 아니라 마리아와 톰, 샤티카와 후안, 랜디와 로버타 등등의 이해도 존중할 것이다.

셋째로, 우리는 예수님이 가르침을 **어떻게** 표현하셨는지를 모른다. 복음서 저자들이 우리에게 그분이 화나셨거나 슬프셨다고 말해 주는 경우는 극히 드물다. 예수님의 어려운 말씀들을 대할 때면 나는 그분의 얼굴 표정과 몸짓 언어와 음조를 상상해 본다. 그분은 한없이 심각하셨을까, 아니면 얼굴에 살짝 미소를 띠셨을까? 충격적인 발언을 하신 후 제자들의 어깨에 팔을 두르시며 사랑을 표현하셨을까? 위대한 유대인 선생이신 그분은 제자들이 그분의 말씀을 생명과 은혜와 평화 쪽으로 해석할 때 기쁘셨을까? 그러셨을 것 같다. 아니, 정말 그러셨다고 확신한다.

예수의 어려운 말들

주

1. 네게 있는 것을 다 팔아

1. E. Isaac, "1 Ethiopic Apocalypse of Enoch," 출전: James H. Charlesworth 편집, *The Old Testament Pseudepigrapha* 제1권 (Garden City, NY: Doubleday, 1983), 84.

2. 부모를 미워하지 아니하면

1. Amy-Jill Levine & Ben Witherington III, *The Gospel of Luke*, Cambridge Bible Commentaries (Cambridge, UK: Cambridge University Press, 2017).

4. 이방인의 길로도 가지 말고

1. Amy-Jill Levine, *Sermon on the Mount: A Beginner's Guide to the Kingdom of Heaven* (Nashville, TN: Abingdon Press, 2020), 1-22. (바람이 불어오는 곳 출간 예정)

5. 바깥 어두운 데로 내쫓으라

1. "Belief in Hell," Pew Research Center, 2021년 4월 28일 접속, https://www. pewforum.org/religious-landscape-study/belief-in-hell/.
2. E. Isaac, *The Old Testament Pseudepigrapha* 제1권, 36.
3. E. Isaac, *The Old Testament Pseudepigrapha* 제1권, 37-38.

삶의 경계를 열어 주는 바람이 불어오는 곳의 책 ───────────

예수의 어려운 말들

그분의 이해할 수 없는 말씀 속으로

초판 1쇄 인쇄 2022년 10월 5일
초판 1쇄 발행 2022년 10월 17일

지은이 에이미질 레빈
옮긴이 윤종석
펴낸이 박명준

편집   박명준   펴낸곳 바람이 불어오는 곳
디자인 김진성   출판등록 2013년 4월 1일 제2013-000024호
제작   공간   주소 03309 서울 은평구 연서로 44길 7, 422-902
              전자우편 bombaram.book@gmail.com
              문의전화 010-6353-9330   팩스 050-4323-9330

ISBN 979-11-91887-07-5 03230

바람이불어오는곳 은
교회 안과 밖 사람들의 신앙 여정을 담은 즐거운 책을 만듭니다.

🅵 🅾 bombaram.book